BIBLIOTHÈQUE DE GÉOGRAPHIE VOYAGES

ANDRÉ MAUREL

PAYSAGES D'ITALIE

IV

DE TRIESTE À CATTARO

TRIESTE — CAPODISTRIA — PIRANO — PARENZO — PISINO — ROVIGNO — BRIONI — POLA — ABBAZIA — FIUME — ZARA — SEBENICO — SPALATO — SALONA — TRAÙ — RAGUSA — CATTARO, [illegible]

LIBRAIRIE HACHETTE

PAYSAGES D'ITALIE

IV

DE TRIESTE A CATTARO

OUVRAGES DU MÊME AUTEUR

LIBRAIRIE HACHETTE :

UN MOIS A ROME
QUINZE JOURS A NAPLES
QUINZE JOURS A FLORENCE
QUINZE JOURS A VENISE
UN MOIS EN ITALIE

PETITES VILLES D'ITALIE

1re série : Toscane, Vénétie.
2e série : Émilie, Marches, Ombrie.
3e série : Abruzzes, Pouilles, Campanie.
4e série : Calabre, Sicile.

PAYSAGES D'ITALIE

1re série : De Florence à Naples.
2e série : De Milan à Rome.
3e série : De Trente à Trieste.
4e série : De Trieste à Cattaro.

L'ART DE VOYAGER EN ITALIE

LIBRAIRIE ÉMILE PAUL :

LES AMIS LATINS
LA JEUNE ITALIE

BIBLIOTHÈQUE DE GÉOGRAPHIE & VOYAGES

ANDRÉ MAUREL

PAYSAGES D'ITALIE

IV

DE TRIESTE A CATTARO

TRIESTE. - CAPODISTRIA. - PIRANO. - PARENZO.
- PISINO. - ROVIGNO. - BRIONI. - POLA. -
ABBAZIA. - FIUME. - ZARA. - SEBENICO. - SPALATO.
- SALONA. - TRAU. - RAGUSE. - CATTARO, ETC...

LIBRAIRIE HACHETTE

A Madame Georges MANN

Ce volume n'a guère besoin de mon offrande pour venir à vos pieds. Grâce aux soins diligents de votre cher Giorgio, avec vous deux dans sa première partie, fut accompli le voyage qu'il relate : comment pourrait-il, fidèle dépositaire de mes pensées, ne pas vous dire de lui-même ma reconnaissance et mon affection? Et de terminer mon œuvre sous les auspices de deux Italiens de Trieste-la-Rédimée je veux m'en donner la fortune et la protection. Avec mes livres vous témoignerez de mon italianité; et si, d'aventure, quelque « arrabbiato » doutait de moi, je le défie bien de résister à votre sourire qui en répondrait. La bora peut souffler, puisque vous m'autorisez à vous assurer encore une fois de mes tendres respects.

A. M.

PAYSAGES D'ITALIE

DE TRIESTE A CATTARO

I

LE LION TOURNE LA PAGE

Trieste.

Est-ce bien la dernière fois? Je n'ose plus le jurer, après m'être démenti déjà. Mais la guerre m'y obligea; la prétention serait grande de compter sur un autre conflit qui entraînerait des conquêtes entraînantes à leur tour. Cela me rappelle cet homme du monde qui s'était rendu coupable d'une grave incorrection, et qui conclut : « Pour que cette fâcheuse aventure soit oubliée, il faut quatre ans ou la guerre! » Je ris encore trop de cet excès de personnalité pour m'y livrer aujourd'hui. Je crois donc sincèrement que mes courses vont être terminées; la prudence seule m'empêche de les dire bientôt achevées. Ce volume-ci est le seizième que je publie sur l'Italie; il est temps de finir. Le seizième et qui vient donner au Latin ami de l'ordre et de l'harmonie que je suis une satisfaction singulière. Mon œuvre italienne, en effet, le hasard l'a divisée en quatre tétralogies : *Petites villes*, *Paysages*, *Grandes villes* et *Hors séries*. Je n'aurais pas mieux composé mon catalogue, le voulant. Quelle faute de goût ce serait, de piquer au cœur de ma croix grecque un campanile insolite ! Je déplore chaque jour les travées ajoutées au Saint-Pierre de Michel-Ange ; je ne ferai pas mon petit Maderna, je ne dresserai pas de façade théâtrale devant mon temple qui restera pur, si modeste qu'il soit. Et c'est bien assez, pour aujourd'hui du moins, de voir s'ouvrir devant moi une dernière route pleine d'attraits, d'embûches aussi.

Lorsque, il y a deux ans, je m'éloignais de Trieste, je répétais sans cesse le vers de Dante : « Vegno di loco ove tornar desio. » Plus heureux que le poète, j'ai pu revoir la ville où je désirais retourner. A Trieste, je vais, selon la pittoresque expression italienne, « prendere le mosse », qui se traduit mal par prendre son escousse. Demain je me mettrai en route pour visiter l'Istrie, et, dans quelques jours, je reviendrai pour monter sur le bateau qui me portera vers la côte dalmate où s'égrène un chapelet de villes non point italiennes politiquement, non plus ethniquement, mais italiennes géographiquement puisque adriatiques, et surtout et avant tout italiennes artistiquement et intellectuellement, italiennes par leur civilisation enfin. Puisque j'ai tant fait que d'être complet, je ne puis, sans lacune, laisser de côté les terres que Rome et Venise marquèrent, au cours de tant de siècles, de leur indélébile autant que rude sceau.

Mais que viens-je d'écrire là ? Je parlais d'embûches, et

j'y tombe au premier pas. Aborder ainsi, en passant c'est le cas de le dire, de pareils problèmes, il faut être voyageur pour l'oser.... Alors que deux peuples, au paroxysme il est vrai des pires sentiments réciproques, n'arrivent pas même à poser la question d'une manière objective et dégagée de passion, et à l'étudier avec calme et simplicité, comment puis-je espérer la résoudre pour mon propre compte? Et que d'ennuis je me prépare! Car, il ne faut pas me le dissimuler un seul instant : au ton où sont montés les adversaires, il serait vain d'espérer les satisfaire, pas même tour à tour. Quelle idée m'a pris de mettre le pied sur un pareil guêpier! Je serai piqué à coup sûr par les hyménoptères réveillés et furieux. Sans compter que rien n'est plus embrouillé que cette affaire-là. Lorsque vous entrez dans les problèmes de races, dans les disputes historico-géographico-ethniques, vous êtes à peu près sûrs de n'en sortir jamais. La question adriatique est un labyrinthe où la fille de Minos et le fils d'Égée seraient restés, car, en plus des détours et trompe-l'œil, on a accumulé tous les pièges, chausse-trapes et autres diaboliques inventions de l'envie et de la haine. C'est inextricable autant que périlleux.

Oui, mais en revanche quel plaisir! Prendre la large et plane route du voyage de tout repos, serait-ce, d'ailleurs, honnêtement finir? Voilà si longtemps que je trime, je pourrais m'endormir. N'ai-je pas besoin, pour me tenir éveillé et attentif aux entours, des pierres où je buterai, obligé dès lors aux yeux grand ouverts? Une habitude, une routine si l'on veut du voyage me guettent; j'ai besoin d'un stimulant pour rester maître de moi et bien attentif. Depuis vingt ans et davantage que je roule, ma sensibilité a pu s'émousser; ma peau se durcit, un bon aiguillon sur la croupe sera favorable au tirage de la charrette.

Je ne prétends donc point à des paroles définitives sur un problème difficile, douloureux pour certains, et à peu près insoluble, aujourd'hui du moins, autrement que par la décision égoïste et unilatérale, celle du plus fort. Je respecte les convictions et même les passions en cette affaire, parce qu'elles partent de hauts sentiments très purs que la politique a pu corrompre, mais dont l'origine ne reste pas moins noble et sacrée. Au hasard de la rencontre je veux seulement savoir un peu de ce qu'il est possible d'apprendre. Le désintéressement dans les questions nationales où le cœur compte pour facteur essentiel, le désintéressement est un grave défaut? Oui, mais comment puis-je entrer dans un camp alors que la querelle m'est étrangère? Et donc je m'informerai avec la plus entière bonne foi. Je regarderai, et je lirai et j'écouterai dans la seule intention de m'instruire. Je prêterai l'oreille aux deux cloches que l'on branlera, sans me permettre d'en éprouver le métal, plus sensible cependant, je l'avoue, au son latin — je reste Français, n'est-ce pas?

***

Et puis, à demain! L'Istrie qui m'attend aujourd'hui n'agite que d'une brise ces grands et délicats problèmes :

— Ouais! soufflent, tempétueux, les Slaves.

Ça commence déjà! Mettons donc que, auprès du

problème dalmate, le problème istrien reste confiné dans d'assez claires limites; il existe néanmoins, et, puisque je vais partir pour accomplir en Istrie un tour qu'un ami soigneux vient de tracer à mon intention, rassemblons auparavant les notions indispensables à ce court périple.

Les Slaves disent :

Les villes sont à majorité italienne; la campagne est slave tout entière. Dans les villes le commerce, d'ailleurs, et l'industrie sont aux mains de Slaves et d'Italiens, à égalité. Mais toute l'agriculture est exercée par les Slaves. Au résumé : 38 p. 100 d'Italiens, 57 p. 100 de Slaves. Rome occupa l'Istrie, mais les côtes seulement, où les villes se sont formées. Rome détint l'Istrie pendant cinq cents ans. Puis de 539 à 751, ce fut Byzance. En 778 la maîtrise passa au Saint-Empire qui instaura la féodalité. Venise parut enfin, mais toujours sur les côtes. Non sans peine elle s'imposa, témoin les révoltes de Capodistria et de Pola. Jusqu'en 1797 Venise domina, mais pour son seul profit, exploitant sans pudeur, indifférente au bien-être général, au point que la langue slave subsista dans l'intérieur; aujourd'hui encore on y parle un dialecte slave, le glagolisme. Et si l'italianité a persisté, on le doit à l'Autriche qui l'a favorisée par crainte du slavisme. Toutes les créations italiennes, les écoles par exemple, sont œuvre autrichienne à laquelle ont résisté les Slaves en créant des écoles slaves, des sociétés économiques et financières et des banques populaires, toutes slaves, afin d'émanciper le paysan du commerce italien.

Voilà en gros, ce que disent les Slaves. C'est faible.

Rien que l'argument : l'Autriche favorise l'italianité, pour expliquer la force du sentiment italien des villes, et quand Trieste est là tout près, rien que cela mettrait en défiance.

En tout cas, le fait est incontesté : la ville istrienne est italienne, si petite qu'elle soit. Dès qu'il y a agglomération, l'italianité l'emporte. Seules les campagnes sont parsemées de Slaves. Et voici ce que disent les Italiens, ce qu'ils expliquent :

L'Italie fut occupée par les Romains en 178 avant Jésus-Christ. La première délimitation qu'ils tracèrent descendait du Longatico jusqu'au Quarnero, au sud de Fiume, après avoir passé légèrement à l'est du mont Nevoso. Plus tard une nouvelle frontière laissa le Nevoso en dehors du territoire. (La frontière actuelle est tracée entre ces deux lignes-là.) Vient Byzance, mais toute nominale. Abandonnée à peu près, l'Istrie s'organise en communes autonomes, et, lors des invasions, elle se bat avec Venise contre les Slaves, les Avares, les Huns. Pendant la période féodale, les empereurs appellent les Istriens « italicæ gentes » ; les diplômes de la chancellerie impériale pour l'Istrie sont contresignés par le ministère des affaires italiennes ; et l'empereur n'est reconnu en Istrie qu'en qualité de roi couronné d'Italie. Venise cependant succède à l'Empire, et jusqu'à Campoformio. L'Istrie prend le deuil de ce traité qui la livre à l'Autriche. En 1857 elle réclame à grands cris sa réunion à sa vieille protectrice Venise à qui elle envoie des vivres et des armes. Ses députés à la diète de Francfort protestent véhémentement contre le refus de reconnaître l'italien comme langue officielle. En 1861, la diète d'Istrie, invitée à envoyer ses députés au Parlement de Vienne, répond : « Aucun » par vingt voix contre sept. Mais les Slaves, d'où viennent-ils donc? Ils sont descendus lors des invasions des Barbares d'abord, puis ils ont été importés par les féodaux dont ils cultivaient les terres, enfin Venise les appela au XVIIe siècle. Ces Slaves, paysans, n'offrent à constater, jamais, aucun développement intellectuel ni économique. Ce sont des ouvriers agricoles qui travaillent sur un fond de propriété italien. La bourgeoisie est professionnelle, elle est italienne. Aucune autre aristocratie que, très modeste, de campagne; non plus de haute bourgeoisie. Les Slaves sont venus en colons, et colons ils sont restés, tandis que toute la civilisation s'est développée dans les villes qui, seules, possèdent une histoire et une économie. Tout l'art istrien est vénitien, roman ou byzantin. Et il est assez audacieux de prétendre à la faveur italienne de l'Autriche, alors que le budget des écoles slaves, par exemple, alignait des chiffres doubles de ceux du budget italien, alors que, en trente ans de domination autrichienne, les écoles italiennes, de quatre-vingt-treize qu'elles étaient, descendirent à soixante-quatorze, et les slaves montèrent de soixante-dix-huit à cent douze. Faut-il rappeler l'histoire du collège de Capodistria? Napoléon l'ouvrit italien. L'Autriche le fit allemand; résultat : il tombe à soixante-sept élèves. Alors l'Autriche le supprime. Les habitants en créèrent un autre, italien; l'Autriche le confisqua.

L'argument italien me semble le plus fort. Si les paysans rencontrés sur les routes sont manifestement d'un autre sang que les citadins — cela se voit rien qu'à leur mine et à leurs usages — il resterait à prouver qu'ils désirent une patrie slave, une patrie autre que leur champ, leur maison. Et comment sacrifier la ville italienne aux cabanes dispersées, le commerce, l'industrie et la civilisation à la charrue? Il faut choisir : le dommage serait incontestablement plus grand du côté italique. Et il est évident que l'Autriche n'avait rien à craindre du Slave sans culture, sans idées même, et tout de l'Italien émancipé par l'exemple de ses frères lombards et vénitiens.

Il y a d'autres raisons encore, aussi fortes que celles-là, qui sont les raisons géographiques dont on sait qu'elles commandent impérieusement les politiques. Trente et la Vénétie me l'ont dit déjà. Il suffit de se promener, comme je l'ai fait, au long de la frontière orientale de l'Italie pour s'apercevoir de l'absurdité, de l'iniquité de ces confins tels que 1815 les avait fixés. Le traité de Vienne y a prolongé l'état instauré par le Saint-Empire. L'Autriche de Charles-Quint, héritière de cet empire, entendait conserver la clef de l'Italie, posséder en fait lorsqu'elle ne régnait pas ouvertement. La frontière italienne était aussi immorale et injurieuse que l'est restée la frontière française d'aujourd'hui. Elle visait à perpétuer la menace allemande sur la terre latine par la possession des passages et des points d'appui. Tracée dans des vues politiques, elle n'a jamais tenu compte des lois géographiques. Et les Slaves, installés lors des alluvions barbares, n'ont rien à réclamer d'une frontière qui n'est pas leur œuvre, mais celle des Allemands qui les ont laissés là par difficulté de les déloger, par calcul surtout : se servir d'eux pour combattre l'italianité; appuyer sur eux leurs efforts de tyrannie.

Le poète triestin Slataper, tué au cours de la guerre de 1914, résume ce problème avec modération, et sa voix paraît d'autant plus digne d'être écoutée qu'il était de Trieste. Car il ne faut pas confondre Trieste et l'Istrie. Trieste a toujours joui d'un régime particulier; ville autonome dans l'Empire elle ne participait pas à la vie provinciale. Elle prenait sa part des tristesses et des espoirs de l'Istrie, et ne voyait pas son émancipation se produire sans contagion; elle restait néanmoins fortement attachée à ses prérogatives, à sa personnalité. Le poète triestin est donc plus serein. Il rappelle d'abord ce qu'écrivait Menabrea en 1866, et qui n'est que ce que je constatais moi-même en allant de Trente à Trieste, le paradoxe des vallées alpines méridionales rattachées aux vallées septentrionales avec lesquelles elles n'ont aucune relation directe, le paradoxe de cette frontière coupant, par exemple, deux fois le Natisone, ce qui entraîne la conséquence effarante de faire labourer le bœuf de gauche en Autriche, alors que celui de droite tire sa moitié de herse ou de charrue en Italie! Oh! ceux qui ont tracé cette ligne n'y ont mis aucune fantaisie ni ironie. Ils savaient bien ce qu'ils faisaient. Lorsque, en 1859, le socialiste allemand Engels n'était encore qu'officier de Bismarck, il écrivait avec la belle ingénuité cynique de sa race : « La domination politique de la ligne du Pô n'est pas nécessaire à l'offensive allemande, puisque la Germanie est en fait maîtresse du Trentin et de l'Isonzo. De l'Adriatique au Stelvio tout pas conduit toujours au cœur du bassin du Pô, et tourne toute position d'une armée italo-française s'avançant vers l'Orient. La ligne de l'Isonzo peut être tournée par la route de Caporetto à Cividale. Le pas de Pontafel tourne la position du Tagliamento. Le col du Brenner coupe la ligne du Piave et la ligne de la Brenta par le val Sugana. Il n'existe donc aucune raison de craindre pour la sécurité de la Germanie, même s'il ne restait sur le sol italien pas le moindre soldat autrichien; la terre lombarde, nous pouvons nous en emparer chaque fois que nous le voulons. » C'est la justification même de la frontière proposée par Napoléon dans le *Mémorial* : « La division naturelle des montagnes passerait entre Laybach et l'Isonzo, et comprendrait une partie de la Carniole et de l'Istrie, et joindrait l'Adriatique à Fiume. » Napoléon ne croyait pas possible la défense sur l'Isonzo. Palmanova elle-même, cette création de son génie, semblait ne pouvoir apporter qu'une gêne à l'ennemi.

Quoi donc cela, direz-vous, a-t-il affaire avec l'Istrie? Ceci, que les Slaves ne séparent pas l'Istrie des Alpes Juliennes et du Frioul, réclamés comme un tout. Et, en effet, la géographie impose ou la frontière romaine du mont Nevoso, l'actuelle, ou celle de l'Isonzo. Les Slaves protestent contre l'annexion à l'Italie de leurs frères juliens et frioulains. Mais que disent-ils de l'annexion qu'ils feraient d'Italiens en prenant l'Istrie et l'Alpe Julienne? Il faut choisir. Et la civilisation ne peut pas ne pas primer, la civilisation appuyée sur la géographie, sur Rome, sur les invasions et sur la supériorité intellectuelle et morale incontestable.

Certes la présence physique de Slaves sur des terres que la géographie et l'histoire ont faites occidentales doit être respectée et des ménagements sont dus; mais de là à reconnaître les prétentions politiques des États slaves orientaux, il y a un abîme. Le développement de l'histoire à travers les siècles impose aujourd'hui une certaine violence à faire à quelqu'un. Elle est moins choquante lorsqu'on tient compte des villes plus que des chaumières dispersées, de la civilisation plus que de la grossièreté, de la géographie plus que de la politique enfin. Lorsque ces terres se sont ouvertes aux hommes, c'est à la lumière de Rome qu'elles l'ont fait. Seules les invasions barbares les ont troublées, et, malgré les invasions, l'italianité, la latinité encore davantage ont persisté. La violence autrichienne a prolongé un état antinaturel et anticivilisé. La durée de l'iniquité et de l'absurdité ne sauraient les légitimer. L'Italie, a dit Metternich, est une expression géographique. Et c'était dans sa bouche un mépris. Plus forte que le dédain, la réalité s'imposait à sa duplicité, à son immoralité. Oui, un pays est une expression géographique, toujours, et il tendra toujours à parfaire son expression, hors de laquelle il n'y a ni justice ni paix. La frontière donnée à l'Italie par le traité de Saint-Germain est véritable, parce qu'elle est basée sur la plus ancienne et la plus tenace histoire, en même temps que sur les plus irréductibles lois de la nature. L'Istrie fut italienne tout entière, ses côtes civilisées le sont restées en dépit de tous les efforts barbares et germaniques — et cela parce que les Alpes se dressaient à l'orient, s'imposant et fixant les limites aux peuples des deux parts. La sécurité réciproque dépend de ce mur de neiges dont les eaux coulant sur chaque versant entraînent avec elles deux mondes désormais sans envie comme sans crainte.

***

J'ai fait un tour dans Trieste, vers le soir, à l'heure où San Giusto éteint les lueurs fuyantes de ses voûtes. Je la trouve moins fébrile que je ne la vis il y a deux ans. Comme toute l'Italie, comme l'Europe, comme le monde entier, Trieste souffre aujourd'hui d'un malaise, d'anémie. Le port dont je discernais mal le dessin, tellement les navires y étaient pressés, je le vois nettement à cette heure, ses quais et ses môles trop nombreux et trop vastes pour un aussi petit peuple de vaisseaux. Trieste port de l'Autriche tout entière ne peut pas prospérer lorsque cette Autriche et ses débris gémissent de misère. Et pourtant je n'entends pas une plainte, un regret encore moins. Au contraire, Trieste se prépare à recevoir le roi, et elle entend bien lui dire que « ça ne fait rien ». Les grandes joies se paient, et ce n'est pas payer trop cher d'un peu de gêne le bonheur d'être réunie à ses frères. Je constate une dignité et une sagesse qui me frappent extrêmement. Quand on arrive ici, venant de Rome ou de Florence, on est surpris par le calme et le bon sens qui y règnent. Ce n'est point à Trieste que l'on entendra : « Quatre ans de perdus! » parce que cette guerre n'a pas donné tout ce qui en était attendu. Trieste se rend compte, d'abord, que jamais les ambitions des hommes ne sont satisfaites, ne serait-ce que parce qu'ils désirent toujours davantage à mesure qu'ils obtiennent, ensuite que tout est sauvé au contraire, puisque l'Autriche n'est plus. Lorsque l'histoire établira les comptes clos en 1918, je crois bien que l'opération la plus importante qu'elle constatera sera cette disparition de l'œuvre de Charles-Quint et de tant de siècles germaniques. Le Hohenzollern était récent encore, sans bases bien profondes. Mais le Habsbourg continuant le Hohenstaufen, le Souabe, le Saxon! L'Europe a passé à un tome nouveau de son histoire, changeant le titre courant de ses pages dont le lion de Saint-Marc a tourné au moins deux, d'un coup. Or cela s'est fait avant tout et d'abord au profit de l'Italie que Trieste regarde, stupéfaite de ne pas la trouver contente. Non, ces quatres années de souffrance n'ont pas été « perdues » : l'Italie gagnée, l'Autriche abîmée, le Slave définitivement écarté, voilà des bénéfices inestimables qu'une Rome ne peut sans doute pas peser justement, mais que cette ville-carrefour apprécie à leur prix. Je pars demain pour un tour qui va me révéler des pays tout neufs pour moi, ne ressemblant guère à ceux que j'ai vus jusqu'à ce jour. Je crois que leur âme est toute neuve aussi, si j'ai bien entendu du moins tout ce que je viens de me rappeler, à l'instant, de l'histoire et de la géographie. Miracles du cœur! Tout ici bat au pouls latin, regarde à l'occident, et songe avec horreur à l'orient et au septentrion. Le roi vient! Il vient! Et Trieste vibre et bondit comme l'amoureuse au-devant de son amant.

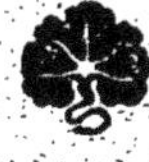

II

MARC ET MARZOCCO

Capodistria, Pirano.

De qui donc est le vers que Gabriele D'Annunzio cite dans sa *Licenza* : « Capodistria succiso adriaco fiore » ? Fleur coupée de l'Adriatique? Le poète cherche le cœur et non pas les traits. L'aspect physique l'émeut moins que l'âme; et Capodistria lui apparaît détachée du bouquet italien, sans qu'il en voie au contraire la tige plongeant au sein des eaux amères qui la nourrissent et raniment sa fleur. Trieste à peine quittée, elle jaillit de la mer, fragment du roc auquel la relie une étroite chaussée. Elle s'avance du fond du golfe comme un navire en partance, amarre tendue; la flèche du campanile est le mât au long duquel on va tendre les voiles encore gisantes à son pied, et que figurent les toits aux arêtes cassées, dorés par le soleil.

Pour y arriver, on contourne d'abord la baie de Muggia, où Trieste allonge l'un de ses bras, s'adjugeant le beau golfe que je m'étonnais, il y a deux ans, de ne pas voir accaparé dès les premiers âges. Les hommes modernes corrigent peu à peu le dédain de leurs pères, et, instinctivement, viennent demander à Muggia son abri et ses profondeurs. Au pied du San Michele, presqu'île formant la pointe méridionale de la baie, la vieille et modeste Muggia regarde au nord la tapageuse et riche Trieste dont la plage a supplanté son ellipse. Au temps où Trieste n'était encore que Tergeste, Muggia l'emportait sur sa sœur, et, lorsque Dandolo partit à la tête des croisés, pour la conquête de l'Orient, c'est à Muggia qu'il posa d'abord le pied. Ceux qui m'ont suivi depuis tant d'années connaissent d'avance l'histoire de Muggia, la petite ville convoitée, grâce à sa posture, passant de mains en mains, enjeu disputé entre les envahisseurs et les factieux, désireuse d'indépendance, bientôt la proie de maîtres, noble ou podestat, qui s'imposent ou à qui elle se donne pour se délivrer du plus cruel ou de l'étranger, et finissant par se jeter aux bras de l'amie si bonne parce qu'elle est loin. Toscane, Vénétie, Ombrie, nous ont raconté vingt fois cette histoire.

Muggia se vante d'une vieille légende de prêtresse emmurée et brûlée; elle montre une basilique de style lombard qui en dit long sur ses premiers jours. Lasse enfin d'être ainsi une proie disputée, elle se donne, au xe siècle, à Venise qui l'empoche et l'exploite aussitôt. Trieste l'achève; elle se résigne et peu à peu s'éteint, trop faible peut-être pour de grandes causes comme celles que je viens de rappeler de ces communes italiennes dont, au cours de mes voyages, j'ai vu tant d'exemples aussi divers que monotones. Et l'intéressant à noter pour nous, ce n'est plus l'anecdote, mais le caractère strictement italien de la vie muggienne. On se sent ici comme sur l'autre rive du golfe de Venise, la même atmosphère vous baigne; le poète a raison : l'Istrie, fleur coupée de l'Italie. Ne puis-je changer les noms propres et mettre sans témérité ceux auxquels le poète pensait sans oser les écrire?

Et c'est la même aventure que raconte Capodistria, plus ancienne toutefois, plus ancienne dans l'histoire du moins. Sise au même golfe que Trieste, Muggia, si elle n'absorbait pas celle-ci, devait être mangée par elle. Capodistria présidant à un autre golfe, son rocher étant plus sûr aussi, put se développer dans une tranquillité relative dont, cependant, nous pouvons mesurer la valeur par le don qu'elle fit d'elle-même à Venise, en même temps que Muggia, au xe siècle. Nous ne savons pas si Muggia fut colonie grecque, mais les vicissitudes toutes pareilles permettent de le supposer comme nous le savons de Capodistria. La ville à l'ancre d'aujourd'hui était fille de Chalcis. Les Argonautes, dit une légende, la fondèrent. Elle s'appelait alors Egida, de l'écu de Minerve. Elle tomba avec l'Istrie aux mains des Romains en 177 avant Jésus-Christ. Lors du partage impérial elle fut adjugée comme le reste à Byzance et prit le nom de Giustinopoli. Venise en apprécia vite la posture, et le golfe au cœur duquel elle s'avance lui parut aussi sûr que celui de Muggia, supérieur même pour ses desseins, grâce à la cité hardiment jetée. Le nom ambitieux de « tête de l'Istrie » lui fut donné, plus physique que moral sans doute, car Venise n'aimait pas beaucoup d'autre tête que la sienne, où que ce fut. Et c'est encore et toujours Venise qui vit ici, comme elle va vivre et se rappeler à nous tout au long de cette route nouvelle. Capodistria n'a pas donné moins de cinq doges à Venise, et Carpaccio a peint son image pour la postérité telle qu'elle figurait fleuron de la couronne julienne.

La chaussée avalée, l'automobile entre dans Capodistria comme on entre dans toutes les villes d'Italie, par des rues étroites et noires aux vieux palais penchés, pour vous jeter sur la place du municipe, devant le lion rageur. Capodistria n'a dû guère changer depuis le temps où elle couronna de créneaux gibelins son palais civique. Venise le signe sien, et à toutes les époques pour que, sans doute, on ne doutât point qu'il lui appartenait. La partie droite est romane, on se croirait devant le Dandolo du Grand-Canal. La gauche est gothique, et un escalier de la Renaissance ouvre sa voûte à la rue qui fuit par-dessous. L'amusante façade, si prolixe dans sa synthèse! Il n'y aurait qu'à la lire, on saurait tout. Sa structure est éloquente déjà; encore plus son décor, la profusion de bustes, d'inscriptions, de blasons et de statues fixées au hasard de la surface, et qui tous commémorent quelque haut fait dont la commune s'enorgueillit. Tout là-haut Cybèle rappelant Chalcis est juchée en girouette, ce qui, malgré Chalcis, paraîtrait étrange en cette ville maritime, si le bon sens populaire n'avait fait de Cybèle une Justice. Bon sens, malice aussi? La Justice qui tourne au vent de l'heure, me flatte au plus secret de mon scepticisme.

En face, une loggia, la loggia des bavards et des marchands indispensable à toute ville italienne qui se respecte. C'est un café aujourd'hui, arcades bouchées; rien n'est changé. Des inscriptions encore sous les fenêtres ogivales : on était communicatif à Capodistria; ce n'est pas l'orient ici, mais bien le midi latin. Plus encore que de son architecture et de ses expansions, Capodistria se vante d'un Cima et d'un Carpaccio qui chantent la gloire de Venise en notes puissantes et pures. Ceux qui m'ont suivi connaissent ma faiblesse pour Cima. Depuis Parme où l'on voit la plus suave de ses œuvres, j'en suis féru. Le Cima de Capodistria est un peu sévère et compassé, alors que le maître vénitien brille toujours par une douceur souriante et bon enfant. Huit saints bien encadrés chacun dans sa niche, honorant la Vierge et le bambin, voilà un ensemble bien solennel et convenu pour le Cima de *Tobie* et de tant d'autres scènes familières. Mais le charme est un don; ne s'en défait pas qui veut. Cima reste le plus aimable, même dans ses œuvres les moins plaisantes. Et si Carpaccio montre plus de vivante majesté dans son tableau de Capodistria, en revanche il est plus convenu encore. Son enfant joueur de viole, son saint Sébastien et son saint Roch devant la Vierge sous le baldaquin, combien de fois ne les avons-nous pas vus?

L'essentiel pour nous est-il là, d'ailleurs? Il est dans la signification générale, dans l'harmonie vénitienne de la ville et de son décor. Capodistria est une ville de la lagune occidentale détachée et poussée par les vents jusqu'à cet orient, et qu'un malin génie a attachée à la rive pour qu'elle ne pût repartir. Alors pour la consoler, Venise lui a apporté des parures et l'a vêtue à sa mode. Puis ayant ainsi brisé ses forces et endormi ses regrets, elle l'a marquée de son lion qui ne badinait pas avec ses serviteurs.

*
* *

L'automobile a repris la chaussée et file vers Pirano, festonnant le rivage, ourlant la montagne, laissant sur sa droite la charmante et petite ville d'Isola qui ressemble à Capodistria comme une sœur; îlot jeté dans la mer par quelque géant, autre Polyphème moqué par un nouvel Acis. Modeste Isola assise sur son rocher qui pique vers le ciel un clocher frère, lui du moins, du campanile de la Venise maternelle. Pas plus que pour ses autres filles, Venise n'était tendre pour celle-là. Elle se servait de toutes sans pudeur, assez facile à vivre néanmoins, indifférente à tout ce qui ne contrariait pas son commerce et ses projets. Venise égoïste certes, mais Venise sans tracasseries ni tyrannie. Ces petites villes de la côte, pourvu qu'elles obéissent et servissent d'échelles, on ne leur demandait pas davantage. Du moment qu'elles prêtaient leurs rades et leurs magasins, du moment qu'elles achetaient aussi, on les laissait à elles-mêmes, libres de se conduire à leur volonté. Venise ne se souciait pas de « progrès », elle ne cherchait pas à « élever les âmes », à « éveiller les esprits ». Elle pensait que ces tâches regardent chacun qui s'en charge à sa guise. Venise était marchande, elle vendait et trafiquait. De là, dans ces villes, un sentiment durable de confiance et de facile soumission. On reconnaissait le droit de la force, on s'inclinait devant la puissance qui savait se tempérer : et d'une certaine manière on aimait. Le profit était grand, d'ailleurs; et chacun de s'arranger suivant ses goûts et moyens. Avec les ballots, les idées arrivaient, la civilisation se développait sans contrainte comme sans obstacle. Il y a bien, dans ces façons, une sécheresse qui choque. Mais la civilisation est-elle affaire de sentiment? A peu près vierge était la terre où Venise mettait le pied. Venise ouvrait les sillons dans l'intention d'extraire la richesse naturelle; elle se gardait de rejeter la terre dans les tranchées qu'elle venait de creuser; chacun pouvait ensuite ensemencer à son tour. Et il faut bien croire que cela lui réussissait, puisque ces villes de son exploitation s'ornaient à son image, se modelaient à ses mœurs, et lui gardaient fidélité. La petite Isola montre encore aujourd'hui, outre son campanile, des palais vénitiens, dont le Besenghi d'un rococo exaspéré sert, tout comme à Burano, d'école dentellière, quelques tableaux dont une madone d'Alieto, un palais municipal au lion grognant. Elle est fière enfin de sa maîtresse à qui elle resta fidèle jusqu'à assommer son podestat qui n'avait pas appelé ses administrés à la révolte, s'était soumis, le jour où il apprit la signature du traité de Campoformio.

Plus vénitienne encore est Pirano, Pirano non plus dans une île mais sur un promontoire que dominent les vieux murs roux d'une forteresse aux allures de ville. Il semble, à la voir, d'une vieille citadelle dont les habitants seraient descendus au rivage, les temps devenus plus sûrs. Peut-être cette forteresse est-elle antérieure aux Vénitiens? Ceux-ci en tous cas l'auront reconstruite. On arrive à Pirano en grimpant le long du rocher où poussent éperdus la vigne et l'olivier. La ville paresse au-dessous, se baignant dans les flots pour se relever bien vite agrippée au rocher où l'église s'est perchée. On pénètre par une rue en torrent, tous freins serrés, entre deux parois de maisons, à croire qu'on va entrer dedans. Mais les murs s'écartent brusquement et nous jettent sur la place où Tartini, sur un socle, perruque roulée, gilet à fleurs et culotte, joue du violon. Puis on remonte sur le rocher où trône l'église, œuvre du XVIIIe siècle, qui voudrait être grande et qui n'est que vaste. Devant le porche, une large terrasse domine la mer, et c'est toujours le majestueux spectacle dont on ne se lasse pas de l'azur infini des flots, des rochers qui bavent, et des frondaisons qui ondulent et vibrent, magique union des modes de vivre qu'inventa la terre.

De Venise, Pirano elle aussi est pleine. Sa forteresse et sa posture la rendaient plus utile à ménager que d'autres. Venise la soignait par nécessité, et se répandaient en même temps les arts qu'on dit superflus. Le long des rues calamiteuses, maint palais frère de ceux des campi ouvre encore ses fenêtres géminées aux ogives graciles, aux balcons piqués de petites têtes. Lorsque la Renaissance apparaît, Pirano s'en enthousiasme, et elle se pare des œuvres de Carpaccio, de Veronese, de Paris Bordone, de Palma. Elle ne recule même pas devant des Da Ponte. Tout lui est bon de Venise; elle en regorgeait à ce point que l'Autriche estima qu'elle en avait trop, et s'empara pour le musée de Vienne d'un Vivarini et d'un Tintoret. Les tableaux de Venise emportés aussi à Vienne ont été rendus : ceux de Pirano ne le seront-ils pas?

A voir ces palais et ces œuvres, comment ne pas se croire encore une fois sur l'autre rive de l'Adriatique, à voir aussi circuler ces femmes enveloppées dans le châle noir à longues franges, tel que le portent les filles de saint Marc? Pirano a adopté le lion, et elle le garde en son cœur tout comme sur ses murs; il apparaît aux frontons, tel le cœur de Jésus aux statues de dévotion. Je le regarde, ce lion, dont la patte brutale jetée sur le livre inflige si durement un démenti à l'inscription : *Pax tibi....* La paix si l'on veut, mais quelle paix? Celle qu'on demande, beaucoup plus énergiquement que je n'ose l'écrire, aux gens de vous laisser, et non celle qu'on pourrait leur offrir fraternellement, ainsi que Marc l'Évangéliste la reçut du Sauveur. Ce lion de saint Marc, Venise l'a refait à sa dure image. Il n'est pas sentimental, celui-là! Il n'est même pas serein. À côté de lui je dresse le fier Marzocco où Florence s'est elle aussi traduite inconsciemment. Le Marzocco est assis, le lion de saint Marc se tient sur ses pattes, prêt à bondir. Il ronchonne déjà, tandis que son « copain » vous regarde attentif, gueule fermée, néanmoins débonnaire. Marc ne lit pas au livre qu'il froisse de ses ongles; il a plutôt l'air de vous menacer des lignes du code. Marzocco se contente de soutenir l'écu où le lis ouvre son rouge calice; il montre son emblème avec sécurité, sûr de son effet. Venise n'a pas confiance. Elle sent le besoin d'afficher sa susceptibilité en éveil, d'inquiéter ses amis pour les garder. Je pensais tout à l'heure à ses façons de civiliser; son lion les résume. Marzocco nous dit que Florence procède autrement. Les reins sont moins nerveux, mais plus garnis, la gueule ne cherche pas à mordre. Florence attire plus qu'elle ne conquiert. Elle associe plus qu'elle n'exploite.

Elle répand ses grâces plus qu'elle n'impose ses mœurs et ses marchandises. Et l'étude serait intéressante à faire en parallèle des deux grandes cités italiennes, égales par la splendeur de leurs arts, si différentes dans leurs procédés d'expansion.

Marc peut dire, il est vrai :

— Florence resta péninsulaire, je dus m'étendre au delà de mes limites terrestres ; mon empire était fragile parce que lointain, je devais veiller d'une autre manière ; ma fermeté était nécessaire, si je voulais conserver ce que j'avais conquis.

— Eh ! oui, répondrait Marzocco, mais ne serais-tu pas parvenu au même résultat par des moyens plus doux ? Tous deux nous sommes déchus de notre puissance citoyenne comme de la seigneuriale, et je continue à régner sur une Florence intacte, tandis que toi, pauvre Marc, à rugir dans ces villes paisibles, pacifiques et encore effarées, tu frises le ridicule, mon bon ami !

Les mettrai-je d'accord ? Ce ne serait pas très difficile. On ne choisit pas ses modes de vivre, ils s'imposent. Une ville maritime ne peut se comporter comme une continentale ; on doit adopter les procédés qui conviennent à la géographie. Et Venise peut se vanter avec fierté de son œuvre istrienne, tout autant que Florence de son œuvre toscane. Venise resta toujours plus matérielle que Florence dont elle n'avait pas les ressources diverses, mais Florence fut bancaire, on l'oublie, et si elle cultiva tous les arts, alors que Venise ne connut guère que les plastiques, il n'apparaît pas que, ses balles de coton, elle en fit cadeau aux clients. La vie était plus rude sur les flots qu'au comptoir, les mœurs s'en ressentirent. Marc renifle aux tempêtes et aux Esclavons qui peuvent venir lui rogner les ongles des pattes au premier jour. Florence possède mille ressources. Venise n'en compte qu'une.

Ainsi je m'amuse tandis que nous filons vers Porto-Rose, notre première étape. Au sud de Pirano qui le commande, le Vallone di Pirano arrondit de collines verdoyantes enserrant une mer calme comme un lac, au fond de laquelle s'étendent de larges salines. Sur la face septentrionale de ce golfe, à quatre kilomètres de Pirano, autour d'une anse, s'ouvrent des jardins généreux, des terrasses d'où l'on regarde la rade charmante que semble clore hermétiquement la pointe de Pirano. Port joli et tranquille devenu bain de mer achalandé : un hôtel majestueux pourvoit à toutes les exigences. On me dit que Trieste affectionne cette plage située à une heure de bateau de son labeur. J'aimerais devenir Triestin pour une saison à Porto-Rose qui, bien abritée, s'alanguit dans la douceur du ciel, sous une brise frétillante. Et de là-bas, les salines nous envoient leur arome tonifiant. Pour une fois, mon vieux Marc, ferme ton livre, que tu n'as jamais eu le temps de lire d'ailleurs, et dormons un peu.

III

LE BANDEAU DE MARS EUFRASIEN

Parenzo.

Les salines contournées, nous quittons la mer pour piquer à travers la montagne, traverser tout à l'heure le Quieto et rejoindre le littoral à Parenzo, étape insigne du voyage. Le caractère du paysage istrien commence à s'accuser. Sa forme tourmentée, ses hauteurs abruptes et sèches, pentes tachées d'une courte verdure, lui prêtent les aspects familiers à tout voyage d'Italie. Mais si on regarde aux détails, une opposition s'accuse flagrante. Et c'est de la qualité même de cette terre qu'elle vient. Les sommets atteints, ne cherchez pas de plateaux généreux, ensemencés jusqu'au lointain. Le Carso que je voyais, il y a deux ans, autour de Gorizia et de Trieste, ce désert de pierre submergeant l'horizon, ce Carso, ramifié dans toute la péninsule istrienne, s'étale de nouveau sous les yeux effarés. Néanmoins, on est loin de l'horreur de Doberdo et des approches de Trieste, autour de Monfalcone et de Duino. A bout de son effort, ce brutal Carso abdique devant l'ingéniosité; l'homme est parvenu à le mater, et le résidu argileux du calcaire recouvre plus fréquemment ses cailloux. On cultive davantage ici, mais sur quelle mince couche, cela se devine. Le rocher affleure presque, il interdit les hauts socs. Et reparaissent les dolines, ces trous d'obus sur les parois desquels le rocher concassé semble une habile construction d'enfants joueurs, et où l'on s'attend à voir, au fond, une mare, alors qu'un petit champ de blé ou de patates a poussé. Je me rappelle le phénomène physique, les eaux coulant sous la table calcaire minée par elles, qui s'effondre alors et forme un entonnoir où gît un tapis d'argile sur lequel l'industrieux paysan fait grandir sa récolte. Les dolines paraissent ici cependant plus grandes, moins rares aussi. Entre chacune, le Carso reprend bientôt sa maîtrise, et il va ainsi de plateau en plateau, lançant des pics, ressauts de croupe majestueux. Et voici la particularité dernière, la couleur de cette terre victorieuse des cailloux, brune et luisante comme du tabac qu'on aurait plongé dans un bain de rouille. La chaleur du ton est d'une richesse extrême. Cela reluit sous le soleil comme un plat de cuivre sombre, la verdure des récoltes s'y enlève avec une valeur digne des palettes les plus fertiles en tonalités hardies. On se demande comment cette terre qui paraît si forte peut ne pas tout envahir, reste assez maigre en réalité, et ne fournit pas davantage aux besoins de l'homme. Le minerai dont elle semble chargée, au point de ressembler à la bauxite, devrait fournir leur suc aux fruits les plus monstrueux.

De doline en doline, de champ intermittent de terre en

vaste champ de pierre, le paysan s'en va mélancolique sur son petit âne, dans sa petite charrette, de ses petits pas. Rare d'ailleurs l'homme intrépide qui s'est fixé ici. Je le croise en troupe aujourd'hui dimanche, se rendant au bourg pour l'office. Et il ne faut pas longtemps pour le reconnaître différent en tout de ses cousins latins. Tête ronde au menton court, au nez épaté sous des cheveux châtains. Le corps est solide, bien construit, et se tient avec aisance. Les femmes surtout, dégagées, sveltes, de tournure élégante presque. Une propreté méticuleuse m'a paru assez caractéristique aussi. La race est belle, restée pure sur ces plateaux qu'elle occupe depuis tant de siècles, et que personne n'est venu lui disputer. Gaillards manifestement bâtis pour d'autres montures que leurs petits ânes qui suffisent, d'autre part, aux charges légères de la récolte. L'homme est resté fort; il a réduit ses outils à la besogne et non choisi à sa main.

Des hauteurs de Buie, nous descendons vers le Quieto, semant sans peine un train dont la machine s'est efforcée de ne pas humilier les ânes de sa taille. Ce chemin de fer-joujou fait la joie de ses clients. On prétend que, un jour, un passant, juché sur un pont, cracha dans la cheminée et éteignit les feux. Le retard ne dut pas être sensible, tellement ce train flâne. Nous pouvons muser en route, déjeuner tranquillement, nous le gratterons encore. Il est doué d'une fantaisie charmante. S'il ne boit pas l'obstacle, oh! non, il le contourne en revanche dextrement. Les détours qu'il prend sont d'un gars doué de la jovialité la plus déliée. L'ingénieur qui a construit cette voie en jouissait tout autant. A moins qu'il ne fût payé au kilomètre? Il en a mis, je vous le jure. De Trieste à Parenzo, on en compte par la route directe une centaine, cent cinquante peut-être par celle que je suis. L'enfant, s'amusant comme un petit fou, s'en paie bien trois cents. Et il me rappelle le fameux omnibus Panthéon-Courcelles de Courteline, qui ne pouvait voir une vespasienne sans tourner autour.

Nous le laissons et passons le Quieto en aval de ses jeux, le Quieto encore rivière sans doute, déjà mer pourtant, formant l'un de ces fiords particuliers à l'Istrie, et que l'on me promet pour le jour prochain dans toute leur beauté. Nous traversons Visinada abritée sous les trois cents mètres du mont Saint-Thomas, et, jusqu'à Parenzo, nous ne roulons plus que dans des plaines basses inclinées vers la mer. La vigne et l'olivier en garnissent les champs toujours clairsemés entre les cailloux qui affleurent; au loin la mer s'annonce de sa ligne d'azur, et voici Parenzo au bord de sa petite rade, jolie, vieille ville, très vieille ville recuite comme la terre qui l'entoure au bord des jeunes eaux.

*
* *

A Capodistria, à Pirano, Venise parlait haut. A Parenzo Rome fait entendre son impressionnante voix qui admet au concert, toutefois, et Venise et surtout Ravenne par le monument qui fait sa gloire, la basilique eufrasienne. Noble cantique qui vaut qu'on l'écoute.

De Venise, il reste à Parenzo quelques palais déchus bien reconnaissables à leurs fenêtres, et trois tours sises à l'entrée de la presqu'île sur laquelle la ville est bâtie. Quand fut-elle bâtie? Au milieu du premier siècle avant Jésus-Christ, telle du moins qu'elle subsiste encore. Avant les Romains, y eut-il des habitants? On ne sait pas au juste. La petite rade de Parenzo, en tout cas, à mi-chemin maritime de Tergeste et de Pola où les Romains s'étaient installés, parut une échelle propice. Les conquérants débarquèrent et tracèrent un camp qu'ils commirent à une colonie militaire, selon leur usage. Camp est restée Parenzo avec sa voie décumane allant de la porte de terre ferme au forum, et coupée à angle droit par d'autres voies. Parenzo est un damier qui se lit d'un coup d'œil, et se parcourt de trois pas. De ces temps romains il reste le forum appelé encore aujourd'hui Marafor, et un jardin planté sur l'emplacement du temple de Mars dont les restes sculpturaux garnissent les plates-bandes. Devant la mer libre au bord de laquelle il était assis, qu'il devait être majestueux, ce temple, semblable à ceux de Poestum, mirant ses blondes colonnes dans les eaux d'étain! Des arbres aujourd'hui ont lancé leur fût là où les colonnes poussaient, et, comme elles, quêtent leur tremblante image aux yeux d'Amphitrite. Jardin touffu tout fleuri de roses dont nous parons les dames qui nous accompagnent; je connais un savant, mon ami Boni, amant des fleurs autant que des ruines, qui exulterait avec nous de ces roses enlacées aux ruines et les remplaçant.

Je voudrais m'attarder dans ce petit jardin où les acanthes sculptées, si elles gisent, durent plus que les roses déjà flétries aux corsages. On m'entraîne vers la basilique eufrasienne, honneur de Parenzo, témoignage rare au monde d'un âge obscur et d'un art éclatant.

Nous avons déjà vu des villes istriennes passant, lors de la chute de l'empire d'Occident, de Rome à Byzance, de Rome à Ravenne où commandait l'exarque de l'empire. Parenzo suivit le sort de ses sœurs latines, et les Goths en devinrent maîtres. Cassiodore nous en a laissé le témoignage. Les Goths chassés, l'Istrie fit retour à Byzance, et, en 543, Justinien envoya des légats organiser le nouveau régime administratif de Parenzo où commandait l'évêque Eufrasius qui apparaît le véritable gouverneur de la cité. Eufrasius était de ces évêques que nous connaissons pour les avoir rencontrés à Milan, à Pavie, à Trente, en Vénétie Julienne, mi-prêtres mi-laïques, souvent mariés et faisant souche, maniant le sabre d'une main et le goupillon de l'autre, aussi bons laïcs que bons ecclésiastiques. La gloire des Visconti nous dit leur fortune profane qui faillit bien, lors de Marozia et, plus tard, de Borgia, devenir celle même de la papauté. On a quelque peine, de nos jours assagis et où la vie civile se sépare si nettement de la religieuse, on a quelque peine à se représenter ces pasteurs sous deux espèces conjuguées. En ces siècles de bonne foi, au contraire, on ne concevait pas le pouvoir partagé, si d'accord que se missent les deux détenteurs. La religion dominant, l'évêque devenait tout naturellement le guide, bientôt le chef de ses fidèles, de sa ville. L'éloignement de l'empereur rendait presque fatale une extension de la puissance spirituelle à qui, d'ailleurs, l'idole de Byzance ou de Ravenne avait tout intérêt à confier l'administration du petit troupeau.

Évêque et basileus s'entr'aidaient, le second recevant les tribus et les hommages dus au demi-dieu qu'il devenait dans les imaginations surchauffées par le premier qui trouvait protection efficace, en récompense, aux heures difficiles.

Il semble bien qu'Eufrasius fût, parmi ces évêques-princes, l'un des plus marquants, à qui il ne manqua peut-être qu'un siège plus insigne et surtout moins éloigné des grands centres de l'activité politique et sociale, pour jouer un rôle comparable à celui de Clesio à Trente et de Visconti à Milan. On le dit né en Thrace, ce qui explique, si Ravenne n'y suffit pas, son goût pour l'art byzantin; il y a plus de deux cents ans que Parenzo vit sous Ravenne quand paraît Eufrasius. Les origines grecques en tout cas, autant que la puissance parentine appuyée sur la force impériale qu'il soutenait de ses dîmes, rendaient importune à Eufrasius l'autorité naissante de Rome papale. Et lors du schisme qui mit aux prises les papes Vigile et Pelage et l'empereur Justinien, Eufrasius se rangea du côté de l'empereur contre le pape. Toute l'Istrie suit Eufrasius et, si l'évêque d'Aquileia commande nominalement, il semble bien que l'âme de la résistance se trouve à l'évêché de Parenzo. Eufrasius tonne terriblement contre Pelage qui lui répond en le traitant « au sens moral en partie, comme au sens réel », dit bien joliment M. Francesco Babudri à qui j'emprunte ces détails, en le traitant d'adultère, d'homicide, d'incestueux (et allez donc!) et de dilapidateur. Ces invectives étaient la monnaie courante de ces querelles derrière lesquelles se cachaient des ambitions très précises et terre à terre. Pelage recourut au pouvoir séculier de l'exarque Narsès de Ravenne qui s'empressa : Eufrasius ne devenait-il pas inquiétant? Il l'était en effet, car Narsès ayant voulu venir à Parenzo, il lui fit consigner la porte. Eufrasius l'emportait, maître chez lui, et, lorsqu'il mourut en 560, ses successeurs continuèrent sa politique et son schisme, ce qui prouve bien qu'une grave question de liberté communale se débattait sous les apparences religieuses. Nous l'avons vu autrefois; les évêques furent, un moment, les champions des libertés municipales dans toute l'Italie, contre l'empereur germanique le plus souvent, parfois contre les féodaux, mais aussi contre le pape. Ce sont les origines mêmes du guelfisme, doctrine d'indépendance italienne, et du gibelinisme, doctrine de soumission à l'empire; et le synchronisme de la vie parentine et de la vie italienne me semble bien caractéristique de l'italianité istrienne. L'Istrie vivait de la même vie que l'Italie, passant par les mêmes vicissitudes, partageant les mêmes passions, toutes deux confondant leurs aspirations. Lorsque Venise s'emparera de Parenzo et y enverra son lion, c'est une ville depuis des siècles à l'image italienne qu'elle trouvera.

Il faut bien savoir cela pour comprendre ce que peut faire, sur cette pointe perdue de l'Istrie, le monument qu'est la basilique eufrasienne. Le farouche évêque ne bâtit pas cependant tout à neuf, mais sur le plan d'une basilique primitive, laquelle remplaçait une petite église des tout premiers temps du christianisme. Sous le pavement eufrasien, en effet, on a retrouvé et j'ai pu voir des fragments très importants de mosaïques de ces deux églises qu'Eufrasius renversera en partie pour édifier l'œuvre qu'il voulait offrir à la postérité. Selon l'usage général, et dont San Clemente de Rome offre le plus frappant exemple ecclésiastique comme l'offre laïc le Palatin, on rasait sans fouiller, et on bâtissait sur les décombres. La basilique parvenue intacte jusqu'à nous est saisissante, la plus complète que j'aie jamais vue. Rien ne manque à son ensemble, pas même la demeure civile du chef religieux : église précédée de l'atrium qui la sépare du baptistère attenant, et, accolé à l'atrium, l'évêché, lui-même de plan ecclésiastique, trois nefs à absides que le pasteur habitait, l'abside centrale lui servant de salle publique, les deux autres disposées pour l'usage personnel. Y a-t-il quelque part en Italie une aussi vieille demeure ayant subi aussi peu de changements, de dispositions et d'emploi? L'évêque du XXe siècle habite toujours dans les murs d'Eufrasius, si certains détails datent de la Renaissance et du XVIIIe siècle. Eufrasius pourrait revenir, il s'y retrouverait yeux fermés.

Il retrouverait aussi sa chère basilique telle qu'il l'éleva, l'atrium avec ses colonnes à chapiteaux byzantins comme à San Vitale de Ravenne, les mosaïques du fronton; il entrerait par la même porte dans le baptistère où se dresse encore la pierre sur laquelle une inscription de sa main célèbre l'œuvre accomplie, dit-il, en onze années, où la vasque hexagonale du baptême occupe toujours la même place, et autour de laquelle court encore la balustrade protectrice. Il reconnaîtrait enfin, à peine touché par les âges postérieurs, l'énorme vaisseau d'une pureté intacte. Les trois nefs formées par les colonnes à chapiteaux byzantins et corinthiens à peu près régulièrement alternés, et qui portent le mur plein sur lequel repose le toit, les trois nefs offrent leur franc et juste espace admirablement conçu pour l'abri des foules, et dont l'Église devina si bien la convenance, s'emparant de ces basiliques païennes dont elle se contenta, pour tout changement, de couvrir par un toit la nef majeure alors à ciel ouvert. L'abside centrale est restée telle qu'Eufrasius la dessina et l'orna, avec ses mosaïques, mais surtout avec son revêtement inférieur qui est l'une des œuvres les plus originales et les plus charmantes qu'on puisse voir. Eufrasius, j'en jurerais, était un homme de goût hardi mais sûr. Ce Grec de Thrace avait été élevé à la bonne école de Ravenne, et il osa ce mélange ravissant de la nacre, de l'émail et du marbre qui brillent associés aux rondeurs de l'abside. Rien n'égale le charme de ce décor où sont employés le porphyre, le serpentin, les émaux et la nacre opaline mesurés sagement, dans un ordre et une proportion exacts. Losanges, triangles, rectangles, oves et grecques finement balancés et strictement distribués selon leur valeur foncière ou décorative, forment un ensemble d'une délicatesse parfaite, en même temps que d'une distinction très rare. Et voici la merveille du goût, enfin, l'idée subtile et méditée du bandeau qui sépare, sous une corniche de stuc, les parois basses des supérieures où les fenêtres sont ouvertes, du bandeau emprunté au temple de Mars, bandeau d'albâtre veiné d'agate, serti de marbre rose et d'émeraudes, égayé des sourires d'une marguerite à sept pétales qui s'insère six fois dans un octogone formé de deux rectangles entrecroisés. La corniche de stuc, fouillée en dentelle, termine l'œuvre exquise et subtilement riche. Eufrasius était un homme. Plus étonnants encore, peut-être, ses successeurs qui n'osèrent jamais toucher à son œuvre? Le goût est si versatile! « Le goût est l'art de mettre sa cravate dans les choses de l'esprit », a dit Gœthe. Et la mode change vite, des nœuds de cravate.

L'œuvre eufrasienne miraculeusement conservée est l'une des plus éloquentes qu'on puisse entendre. Les savants et les artistes du monde entier sont venus l'écouter, — de France M. Gabriel Millet dont j'ai été heureux de retrouver les traces marquées par la rectification qu'il fit du plan de la basilique eufrasienne. Simple passant, familier cependant des vestiges, dévot particulier des basiliques en terre latine, j'apporte au grand Eufrasius l'hommage de mon culte. Parenzo est fière de son évêque. Elle peut l'être en toute légitimité, puisqu'elle possède grâce à lui un des monuments les plus caractéristiques d'un âge dont il ne reste, d'autre part, à peu près rien. On le connaît si mal, cet âge, par suite même de ces lacunes de l'histoire! Le connaissant mal, on l'a dit barbare pour s'en débarrasser. Méfions-nous de cette hâte à juger! Des œuvres comme cette basilique comportent une telle culture des sens nobles, une vision si juste et une pénétration si fine et si exacte, qu'elles témoignent au contraire d'un esprit supérieur dont les aspirations auraient été étouffées sous la barbarie si, au lieu de brutes grossières comme on le croit, elles n'avaient rencontré des âmes assez évoluées, des yeux assez affinés pour les comprendre. On n'élève pas une basilique de Parenzo pour de barbares fidèles; lorsqu'on est seul à pouvoir l'aimer on la garde jalousement cachée en son cœur.

Parenzo sur la route de l'orient à l'occident, rattachée par des liens étroits à Ravenne adriatique, atteste une éducation où la vieille Rome réclame la part la plus grande; la foi nouvelle n'a rien entendu supprimer de ce que la civilisation a gagné, et lorsque Eufrasius va prendre à Mars le bandeau de son temple délaissé pour en orner sa basilique, il goûte certainement le symbole du lien qu'il établit entre les âges révolus et les âges commencés. Le monde moderne va vivre sur les ruines de l'antique; il s'installe dans les meubles vermoulus qu'il respecte attendri, et l'humanité sans secousses continue....

***

On m'a mené voir un autre lieu mémorable, aussi cher aux Parentins. C'est la salle où se réunissait, sous la domination autrichienne, la diète de l'Istrie. Parenzo fut jugée digne, en 1861, de l'honneur, longtemps poursuivi, de devenir le siège de la diète provinciale, avec, comme premier « capitaine », l'un des plus ardents patriotes parentins, le marquis Polesini. Dans cette salle se disputaient les intérêts de l'Istrie, en apparence paisiblement débattus, en réalité tout agités d'une impatience latine qui éclatait quelquefois, le jour, par exemple, où la diète refusa de désigner des députés au Parlement de Vienne. La même ardeur, mais de joie, brille aujourd'hui dans les yeux, et c'est encore un marquis Polesini qui se trouvera aux côtés du Sindaco lorsque le roi débarquera, sous huit jours, à Parenzo. Victor-Emmanuel sera reçu dans cette salle de la diète où son image a remplacé celle de François-Joseph, et où les drapeaux tricolores claqueront au vent de l'allégresse parentine. Parenzo entend montrer son loyalisme appuyé sur des siècles de latinité, et déjà les fleurs sont cueillies, et les mâts dressés qui diront au roi de Rome les sentiments filiaux de la romaine et eufrasienne cité.

IV

AVEC MATHIAS SANDORF

Pisino, Rovigno.

A regarder la carte il semble qu'on ait tiré sur l'Istrie deux diagonales, et décidé de bâtir une ville au point d'intersection. Du cœur même de l'Istrie Pisino pourrait lancer, encore mieux que Paris sur la France, routes et voies ferrées innombrables et tentaculaires. Le dessein, si on l'eût jamais, ne fut pas réalisé, dans l'intérêt des maîtres politiques de la contrée. Sans doute, en pays maritime, la mer absorbe toute activité, mais où donc trouver ici, hors de Pola militaire, quelque volonté d'aider à la prospérité générale? Un centre de développement économique devient facilement dangereux, lorsque les cœurs sont oppressés. Latins et Slaves étaient craints par Vienne qui trouva Pisino sur la route de Pola, et ne lui donna de chef-lieu que le nom, partageant entre elle, Parenzo et Pola les différents organes de l'État. Et Pisino végéta comme un pauvre cœur bien constitué mais où les artères scléreuses n'envoient qu'un sang rare et clair.

L'arrivée à Pisino est surprenante. Avez-vous lu *Mathias Sandorf*? Je l'ai mis dans mon sac, et je viens d'en feuilleter les pages tandis que nous roulions sur les plateaux qui montent doucement depuis Parenzo. C'est toujours la même terre rouillée et les mêmes cailloux carsiques piqués de quelques arbres ; au lointain les hautes montagnes que le pic suprême du Monte Maggiore laisse tomber à ses pieds. « La chaise de poste, dit Jules Verne dans sa langue précise et calme, reprit une allure toute différente ; on ne pouvait s'y tromper, elle descendait alors rapidement après avoir atteint le maximum d'altitude de la route. La vitesse était très grande et plusieurs fois il fallut saboter les roues pour se maintenir non sans danger. » Nous n'avons pas saboté les pneus, du moins au sens de Jules Verne, mais nous les tenons ferme : « Bien que Pisino soit encore à une cote très élevée au-dessus du niveau de la mer (cinq cents mètres environ), elle semble enfouie au fond d'une vallée, si on s'en rapporte aux hauteurs environnantes. Bien avant de l'atteindre on peut déjà apercevoir le campanile qui surmonte le groupement de ses maisons pittoresquement disposées en étages. »

Je lève le nez de mon livre, et j'aperçois Pisino à mes pieds, assise sur un rocher dont la base plonge à pic dans des fonds invisibles où mugit la Foïba. Placé au niveau même du campanile, je vois qui me sourit sa pyramide carrée surmontée de la loggia que coiffe le bonnet pointu ; signature vénitienne comme partout ici, et qui dit clairement, cette fois, que la Dominante, ses mœurs et son prestige ne se limitaient pas aux échelles de la côte.

Autour du cher clocher des lagunes se pressent les toits, grimpant les uns sur les autres, à qui saisira le plus promptement le bâton du thyrse vénétien qu'ils vont former avec lui. La route nous a cependant vite remis dans la position normale qui est de voir les toits par en dessous. Nous enjambons la Foiba, et Pisino ouvre ses étroites rues dont notre clackson semble écarter les murs pour nous faire place. Nous virevoltons le long du ruban dallé, et après avoir longé les hauts murs d'une sorte de prison, nous voilà jetés brusquement sur une esplanade, à la pointe même du rocher dont la Foiba ronge en vain les bases.

Est-ce une crevasse, est-ce le lit d'un torrent? Mettons que le torrent a utilisé la crevasse.... Il est mince en ce moment, mais il bruit comme quatre. On le voit peu, tellement la végétation a envahi les parois. Arbustes, herbes géantes, arbres même couvrent les pentes abruptes du gouffre qu'elles parent et rendent plus sinistre encore. Cela est sauvage et riant, profond terriblement et rassurant en même temps : on roulerait brutalement mais confiant en le secours de maintes branches. En face, de l'autre côté de la gorge, la montagne se dresse aussi sévère et souriante, préparant ainsi pour le torrent un lit inviolé. Et l'eau court, hâtive et rageuse. Où va-t-elle? Nulle part, à la connaissance des hommes du moins. Non loin de Pisino elle disparaît dans un gouffre, le Buco, comme fait, à San Canziano que je vis près de Trieste, le Timavo. Ici pas de grottes explorées, ni de fleuve reparu comme à Duino; la Foiba n'a rencontré avant Jules Verne aucun Virgile pour la célébrer. Serait-ce à cause de cela qu'elle reste cachée, boudant?

Lisons le chantre moderne, maintenant plus ému que tout à l'heure : « Si on s'appuie sur le parapet de cette terrasse, le regard plonge dans un gouffre large et profond dont les parois ardues, tapissées de lianes échevelées sont coupées à pic. Rien ne surplombe de cette muraille. Pas un palier pour y faire halte. Aucun point d'appui nulle part. Rien que des stries lisses, capricieuses, effritées, qui marquent le clivage oblique des roches. En un mot, un abîme qui attire, qui fascine et qui ne rendrait rien de ce qu'on y aurait précipité.... Le Buco sert de récipient à une rivière qui s'appelle la Foiba; cette rivière ne trouve d'issue que par une caverne qu'elle s'est creusée peu à peu à travers les roches, et dans laquelle elle s'engouffre avec l'impétuosité d'un raz ou d'un mascaret. Où va-t-elle ainsi en passant sous la ville? On l'ignore. Où reparaît-elle? On ne sait. De cette caverne ou plutôt de ce canal foré dans le schiste et l'argile, on ne connaît ni la longueur, ni la hauteur, ni la direction. Qui peut dire si les eaux ne s'y heurtent pas à quelques centaines d'angles, à quelle forêt de piliers?... Déjà de hardis explorateurs, lorsque l'étiage ni trop haut ni trop bas permettait d'employer une embarcation légère, avaient tenté de descendre le cours de la Foiba à travers ce sombre boyau, mais l'abaissement des voûtes leur avait bientôt opposé un infranchissable obstacle. En réalité, on ne savait rien de l'état de cette rivière souterraine. Peut-être s'abîmait-elle en quelque « perte » creusée au-dessous du niveau de l'Adriatique ».

Quel dommage que Jules Verne ne soit jamais descendu dans les gorges de San Canziano! L'on eût vu Mathias Sandorf réapparaître aux bouches du Timavo sous San Giovanni, et les ruines de Duino eussent pu lui servir de forteresse. Car il y a une forteresse à Pisino, et on devine, si l'on n'a pas lu *Mathias Sandorf*, ce que l'imagination de Jules Verne va faire de cette forteresse, de ce gouffre, de cette Foiba et de ce Buco. Hardiment, selon les droits du romancier au génie solidement appuyé sur la science, il va transporter le phénomène du Timavo à la Foiba, et la rivière conduite sous la table calcaire sera rendue au jour, crachant Sandorf, au pied de Rovigno.

Sandorf, en effet, a été enfermé dans la forteresse de Pisino, avec ses compagnons. Condamnés à mort, ils s'évadent en se laissant glisser le long de la chaîne du paratonnerre. L'un est pris. Les deux autres fuient sur la Foiba, disparaissent dans le Buco et reparaissent à mi-chemin de Rovigno. La page est maîtresse. C'est une des plus belles de cet étonnant génie où l'audace imaginative est miraculeusement équilibrée de jugement, grâce à une pondération lucide qui ne néglige aucun détail dont la précision supprime tous les doutes et même toute connaissance ennemie.

Je regarde alors cette forteresse dont j'ai rasé les murs tout à l'heure, et dont l'une des faces n'est que le prolongement même du rocher sur lequel elle est bâtie. Elle est noire et terrible, bien digne de tenter le romancier dramatique. Une masse de pierre brute sans crépi, percée d'ouvertures au hasard des restreintes nécessités intérieures; une porte voûtée, sombre, couronnée d'un étage surplombant, à consoles massives, et dont les fenêtres garnies d'étroits et courts volets rendent l'ensemble plus rébarbatif encore. La voûte franchie, on entre dans une cour qui voudrait être ronde mais qui, tout de même, a craint de ressembler par trop à un puits. Un puits? Il y en a un perché sur une sorte de petite estrade de pierre où mènent dix marches d'escalier. Mettre les puits en l'air, l'idée n'est-elle pas galante? Les Montecuccoli qui bâtirent ce castello devaient jouir d'une certaine fantaisie d'esprit. Il est à craindre qu'ils en aient été dénués dans les mœurs. Et ce serait donc leur temps qui leur imposait les habitudes de forbans que ce château affiche outrageusement. Château du Moyen Age, bâti lorsque la féodalité implantée ici par les Francs pesa sur l'Istrie, et y dura plus longtemps qu'elle ne fît en Italie. La poussée slave obligea l'Istrie à une défense prolongée qui la maintint sous la domination des féodaux. Les villes de la côte pouvaient, plus libres de leurs mouvements, suivre avec une certaine aisance les vicissitudes civiques de leurs sœurs adriatiques, connaître le régime des évêques, des podestats et des seigneurs policés, amis des arts et débonnaires. A Pisino, au cœur des montagnes, on ne pouvait badiner. Avant tout, se défendre. Le comte en profitait, et ses divertissements confinés dans la cour se réduisaient à un puits perché.

J'ai failli chercher la cellule de Mathias Sandorf, et la fenêtre de la descente. J'aurais voulu voir le fameux corridor ellipsoïdal où se produisit le phénomène d'acoustique qui permit à Mathias Sandorf d'entendre prononcer les noms de ceux qui l'avaient vendu. Je n'aurais pénétré que dans l'imagination de l'écrivain, je le crains. Le vieux château, devenu caserne autrichienne, n'est plus caserne aujourd'hui. Il sert encore, mais si peu! et son délabrement n'offre rien à glaner. Restons sagement dans la fable dramatique. Le donjon de Pisino est bien plus dans les pages de Jules Verne que sur son rocher véritable. On discute encore aujourd'hui de l'existence de Béatrice, pure création, dit-on, de son imaginatif amant. Ah! je suis bien sûr de l'existence de Béatrice qui vécut et continue de vivre en dépit de son néant, tandis que n'existe et n'existera jamais la verdurière du Lungarno à qui pourtant Dante chaque matin donnait le bonjour et achetait sa pitance. Mathias Sandorf vit plus sûrement que tous les Montecuccoli à la fois.

*
* *

Nous sommes repartis à travers les monts, courant avec les gendarmes autrichiens à la poursuite du vaillant Mathias. Le chemin que Sandorf fait sous terre, entraîné par les eaux de la Foïba, nous le suivons, mais dessus, et notre engin nous permet de prendre l'avance. Si les gendarmes d'il y a cinquante ans avaient connu l'automobile, que serait-il advenu de l'énergique Hongrois? Calmons-nous! Jules Verne l'en aurait tout de même tiré. C'eût été une péripétie nouvelle, rien de plus ni, heureusement, de moins.

En arrivant à Rovigno, mon premier soin est de

m'informer : on n'a pas encore vu l'intrépide Mathias. Mais on doit le pressentir. Car lorsque je demande la maison du pêcheur Andrea Ferrato, on me regarde d'un air soupçonneux : il n'y a rien qui ressemble au soupçon comme l'ahurissement. En tous cas j'ai du temps devant moi. Sandorf coule encore quelque part là-dessous, du côté de Canfanaro, à moins qu'il n'ait eu l'idée de se diriger vers le Canale di Leme, fiord profond s'avançant dans les terres, au nord de la baie de Rovigno. Dans cette gorge on ne le trouvera pas. Je puis vaquer à d'autres soins. Ce soir, à la nuit tombante, j'irai faire des signaux discrets sur la rive. D'ici là n'ayons l'air de rien.

Rovigno ressemble comme une sœur à Pirano et à Capodistria. Les rochers de terre ferme ont lancé une fois de plus dans la mer un de leurs fragments qu'on a réuni au rivage par une large digue, et Rovigno s'est bâtie sur ce cône abrupt, complaisant à la défense, propice au guet. Petite ville, petit port, échelle favorable, Rovigno vit de la mer comme toutes ces villes italiennes dont le chapelet aux grains uniformes se courbe en collier au cou de l'Istrie; son aspect est plus moderne, cependant. Les monuments, sans grand caractère, pas même la cathédrale située au plus haut du rocher, comme un phare; le clocher vénitien constitue à peu près la seule parure de la ville. Des ruelles étroites montent vers lui, le long desquelles s'élèvent des maisons aux fenêtres parfois trilobées, hommage à Venise et tenace souvenir. Mais que vois-je! Un corps humain s'agite en l'air, le long du mur de l'église, descendant par la chaîne du paratonnerre! Serait-ce Sandorf qui se trompe ou qui renouvelle l'exploit de Pisino pour « m'épater » ? Ce n'est qu'un gamin qui veut se faire admirer et exciter aussi ma générosité stupéfaite. Je me contente de le sermonner, pour lui apprendre.

Que faire à Rovigno? Déjeuner. Trente kilomètres séparent Parenzo de Pisino, et trente-huit Pisino de Rovigno. Nous les avons facilement couverts dans la matinée, et ce soir nous irons coucher, me dit le précautionneux ami qui me conduit, nous irons coucher dans une île, devant Pola. Que ferai-je dans cette île? Je ne viens pas pour des îles. Mon guide paraît sûr de lui, cependant. Je me tais, confiance revenue. Nous verrons bien. Mais une île? Quelle drôle d'idée!

V

LE PARADIS RETROUVÉ

Brioni.

BÉNI soit mon ami! Je viens de passer deux jours dans « son » île, et je me demande pourquoi j'en partirais. Une semaine, un mois, un an, toujours. Quelle douceur, quelle paix! Celui qui a trouvé cette île, et a conçu l'audacieuse entreprise de l'aménager, possède le plus bienfaisant génie. Amants éperdus, simples surmenés ou plus prosaïquement amis de la tranquillité, du silence, ou même curieux de plaisirs sportifs choisis, accourez à mon appel! vous trouverez à Brioni la joie et le calme, votre épanouissement et votre amour. Écoutez-moi, je vais tâcher de mettre un peu d'ordre dans mon transport.

Face à la rade de Pola qu'elle ferme au nord, à une demi-heure des quais en canot automobile, Brioni étend ses cinq cent cinquante hectares de bois, de champs et de prairies, sans parler des criques profondes et douces, au sable blanc, aux rochers traînants et portant dans les eaux tendres leurs arbres à laver. Très vieille Brioni, on l'avait oublié. Autrefois elle s'appelait Pullari. Les Romains l'habitaient. Puis, elle fut abandonnée; réoccupée bientôt, puisqu'on y rencontre encore les restes d'une basilique du IVe siècle. Le géographe istrien Faustinus donne à Brioni une appréciable population adonnée principalement aux travaux des carrières. C'est à Brioni, dit-on, que fut prise, au temps des Goths, la pierre du tombeau de Théodoric à Ravenne. Les salines et la pêche deviennent la propriété de l'évêque de Parenzo. Eufrasius offrit même le tiers des produits à Justinien. Plus tard, en 1521, un certain Luca y édifie un castello qui existe encore et sert de demeure au propriétaire actuel, fils du fondateur. Dès le XVIIe siècle cependant, Brioni retombe dans l'abandon, jusqu'au jour où l'Autrichien y construit un fort militaire. Mais l'île reste vide, sauvage et malsaine. Un homme alors se présente, il y a une trentaine d'années. Armé de pioches, de serpes, de herses et de charrues, il entreprend de rendre à Brioni son ancienne prospérité. Il a compris le parti à tirer de ces terres fertiles, couvertes de forêts et de pâturages, du climat constant, propice à la pêche et à la promenade, des points de vue charmants, des récoltes innombrables. Il joue de la cognée et du soc. Il comble les marécages formés lors de l'abandon. Il plante la vigne, exploite les bois, sème le froment, nettoie et fouille aussi. Il réunit des troupeaux. Brioni sous sa main infatigable devient une île prospère et abondante, exploitée rationnellement pour le profit comme pour la joie de son créateur véritable.

Est-ce tout? Non pas. Notre inventeur pense qu'il y

a mieux à faire encore : rendre à Brioni sa renommée et son usage anciens; Brioni doit devenir un centre de villégiature notable par son excellence comme par son originalité. Un quai qu'accostent les bateaux du Lloyd triestin qui desservent la Dalmatie est tendu au fond de la baie, face à la terre ferme. Quatre-vingts kilomètres de routes sont tracés, des terrains de sport aménagés et enfin un hôtel bâti. Trois hôtels même, mais tous réunis au même point, autour du port, pour ne point offenser les solitudes. Ces hôtels sont parfaits; l'ingéniosité des prévenances hospitalières y est poussée à l'extrême, jusqu'à avoir creusé une vaste piscine d'eau de mer chaude pour l'hiver. Dans les environs se promènent des autruches en liberté : Brioni est le seul pays d'Europe où on rencontre à la promenade la frileuse autruche; on a ouvert une fosse aux ours et une fosse aux singes pour l'amusement des enfants et même des grandes personnes qui veulent philosopher sur la misère de l'homme. Des chevaux de selle sont tout prêts, destinés à ceux qui veulent se rendre au golf ou au tennis en noble appareil, ou simplement chevaucher dans la solitude des bois. Des voitures attelées de deux chevaux sortent de l'écurie à votre appel pour la berçante promenade. Tout est prévu, tout est ordonné. Supposons Brioni partant à la dérive. Sa colonie continuerait à vivre d'elle comme sur elle, boirait son cru, mangerait son blé et ses bœufs, pêcherait ses poissons et tirerait les vêtements de la laine de ses moutons. Et personne ne s'apercevrait qu'il est séparé du monde, du moins ne le regretterait, ou encore, selon l'humeur, se féliciterait. Je le dis tout bas à cause de ceux qui comme moi le réprouvent : dans un coin de l'hôtel, où personne n'est obligé de passer, il y a un cinéma destiné aux soirées de ceux qui ne se couchent pas de bonne heure et n'aiment pas la conversation. Brioni à la dérive, vous le voyez, ne manquerait d'aucune volupté. En quelques années, cette île désertique est devenue l'un des lieux les plus aimables qu'il y ait sur la terre, et les plus complets. Le monde périra ; s'il renaît, c'est à Brioni qu'Adam et Ève reprendront leurs jeux sournois et nus, sans s'apercevoir, tellement on est baigné d'un doux soleil et caressé d'une tiède brise, qu'ils ont changé de longitude.

Deux bons postiers m'ont conduit sur les routes subtiles où tout est disposé pour l'agrément avec une malice innocente des plus savoureuses. Sans paraître en nourrir l'intention, elles vous mènent aux points choisis et de choix. Elles évitent tout l'appareil ouvrier de la colonie, dépendances ou ateliers, pour ne rencontrer que moissons de fleurs, de froment et de grappes. De crique en crique, sous les arbres sauvages et qui semblent vierges de toute hache, parmi une floraison des plus doux climats, les routes épousent toutes les beautés naturelles de la mer et de la terre. Larges anses ou petits golfes, on va de l'un à l'autre dans un enchantement bercé. On se heurte même à des collines jouant la montagne, qui attirent loin des flots, et rendent le retour à ceux-ci plus cher. J'ai déjà vu des grèves avenantes, enfonçant dans les terres leur mollesse qui invite aux plaisirs de la pêche et du bain. Je n'en vis jamais d'aussi tentantes qu'à Brioni, parmi ces capricieux rochers, aux retraits imprévus de calme à peine frissonnant, avec de telles échappées sur le large.

Mais, si près de Pola, ne manquerait-il pas quelque chose? Elle ne manque point; et si, ayant vu au val Madonna les ruines d'une basilique, je réclame en l'honneur de Pola une ruine romaine, la voici servie toute chaude et à point. Au fond de la baie Catena, à mi-flanc de la colline qui la dessine, une villa romaine s'élevait dont subsistent des restes assez importants encore pour qu'on puisse suivre clairement les formes : les chambres de la maison, les bains, les cuisines, les pavillons des esclaves, la palestre et jusqu'à trois petits temples qu'entoure un portique semi-circulaire. Plus bas, au bord du chemin, une haute colonne à chapiteau corinthien dresse son orgueil devant l'aménité de la mer.

Puis la route repart à travers les bois, côtoie les vignes et les champs semés. Les troupeaux paisibles regardent passer l'équipage qu'ils nourriront demain. Et le chemin tourne tantôt dans un parc, tantôt dans la forêt vierge, tantôt le long des récoltes. Il se resserre, s'étale, grimpe ou descend avec une variété stupéfiante. Il me jette bientôt devant la vieille basilique chrétienne, colonnes encore debout, les murs toujours solides, son dessin entier entre ses murailles, nefs bien séparées. Le chœur est resté intact avec son arc majestueux, ses colonnes dont l'un des chapiteaux porte une tête de lion et la croix grecque, sous le monogramme du Christ. Les autres chapiteaux sont de style lombard.

Mais que nous fait tout cela! Brioni n'attire pas par son passé. Brioni est violemment présente. Terre de charme et de clarté, terre de bien-être et de repos. Sans doute l'imprévu, la surprise de cette île pour Sybarites face à la rude Istrie, devant Pola militaire, perdue en cette Adriatique septentrionale qu'une Autriche jalouse ne tenait guère à vulgariser par crainte des comparaisons, sans doute l'étonnement rentrent beaucoup dans l'émoi du visiteur. Mais c'est la question même. Le plaisir vient d'abord de ce contraste, de la civilisation raffinée opposée aux rudesses des entours et des maîtres d'hier. Il vient bientôt du lieu en soi, tout abstrait. Il est bien difficile d'analyser le charme. Les romanciers les plus subtils y ont échoué. Le charme ne se définit pas, il se sent. On est pris, emporté, et voilà. Brioni dégage cet attrait plus peut-être que tout lieu du monde. Et lorsque, le soir, je me suis assis, à table, au milieu des fleurs et de jolies femmes en toilette, au son d'un orchestre discret, plus tard en regardant danser les jeunes couples du haut d'une galerie où les liqueurs chatoyaient sous les lustres, je me suis juré de revenir ici, puisque je ne puis y rester et y passer des soirs reposés, lorsque, j'en suis sûr à présent, je renaîtrai, après la mort du triste voyageur, pour une vie plus normale et plus sage. Avoir tant vécu sans connaître Brioni! Courez vite, vous comprendrez ma honte. L'Istrie pourrait ne comporter que Brioni; je n'aurais pas perdu mon temps.

VI

LE CANON DE DANTE

Pola.

Le canot automobile de Brioni file sur le canal de Fasana, droit vers la pointe de Cristo qui, au nord, ferme la baie de Pola. On ne voit que les rochers, à droite, de l'île, à gauche, de la terre ferme, en face, au sud, du cap Compare. Un lac bleu nous porte caressés par une brise languissante. La petite houle du large nous balance un instant par le travers de la passe, bercement que la vitesse du canot rend sec et provocant. Les caps sont tôt doublés, et cependant aucune ville n'apparaît. La rade est vaste et semble abandonnée. Un écueil, Sant'Andrea, la ferme devant nous. Elle étend à droite et à gauche les bras des rochers de la rive où rien ne se dresse. Pola est bien cachée, Pola port militaire et qui s'est dissimulée comme tous ceux qui se vouent aux mauvais coups. La voici enfin, accroupie sur le bord méridional, les pieds dans l'eau, la tête au niveau de la montagne couronnée de deux masses de pierres : le capitole d'autrefois, aujourd'hui couvert de maisons et de jardins, et l'amphithéâtre avec les fenêtres de ses arcades ouvertes où se découpent les rochers blancs garnis de broussailles.

L'écueil Sant'Andrea doublé à gauche, la passe de droite étant réservée aux cuirassés, je demande, tandis qu'on aborde :

— Où se tenait le *Viribus Unitis*?

Le rappel flatte tout Italien, et légitimement. Ce *Viribus Unitis* était le plus grand bateau de la marine de guerre autrichienne. Aussi avait-on peur de l'abîmer : il ne sortait jamais. Rien ne le tentait des torpilleurs à braver. Tapi derrière l'écueil, il promettait chaque matin; mais le soir venu, il n'avait rien tenu. Deux officiers italiens résolurent de le débusquer. Armés d'un engin de leur invention, ils se jettent à l'eau et, moitié nageant, moitié traînés entre deux eaux, ils franchissent les passes, vont poser leur torpille sous la coque du monstre. Comme ils repartaient, ils furent pris. Amenés devant l'amiral, ils déclarent froidement : « Faites évacuer, ou vous sauterez tous. » On ne voulait pas les croire. Leur assurance en impose enfin. On évacue et, quelques instants après, le *Viribus Unitis* projetait dans les airs sa ferraille. Les débris sont encore là, au fond de l'eau derrière Sant'Andrea. La marine italienne compte de grands faits d'armes, d'audacieuses manœuvres au cours de la guerre; elle ne peut se vanter de plus beaux ni de plus effectifs.

L'ami vigilant qui me guide m'entraîne. Il a prévenu, me dit-il trop tard pour que je m'en défende, le Sindaco, soit le maire, de ma venue, et nous sommes attendus au palais municipal. C'est en compagnie choisie que nous allons visiter Pola.

Au fond de la place, l'ancien forum, se dresse la maison commune, modeste maison à loggia de quatre arches surmontées d'une fenêtre triforée. Construit vers 1300, le palais a été complètement refait, au XVIIe siècle, selon le goût de Venise dont on voit encore le lion à l'angle de droite. Mais voici : deux temples païens, l'un dédié à Auguste, l'autre on ne sait à qui, se faisaient pendant, laissant entre eux un espace vide ; à moins qu'il n'y eut un troisième temple entre ces deux-là ? Quoi qu'il en soit de cette conjecture, entre les deux temples le palais fut bâti ; mais s'il laissait séparé de lui le temple d'Auguste, il incorpora l'autre, au contraire. Le mur extérieur droit et la partie antérieure de l'aile droite du palais sont pris au dieu inconnu. On voit encore le fronton postérieur, la frise, deux colonnes, deux cariatides, et, à l'angle, une sirène tenant, arrondies et déployées, ses nageoires. J'ai sous les yeux une estampe ancienne qui permet de juger des travaux successifs ; le palais est serré entre les deux temples, mais en retrait, laissant bien dégagée la moitié on profondeur de chacun. Une porte percée au haut d'un escalier, dans le mur du temple de droite, montre qu'on utilisait celui-ci exactement semblable au temple de gauche dit d'Auguste, toujours debout, lui, et gloire de Pola, à l'égal des arènes. Un beau jour, on agrandit le palais, et le temple au dieu inconnu fut englobé tout entier. Le curieux est que le temple d'Auguste, qui tenait tout comme son frère au palais, en fut séparé au contraire. Il se dresse aujourd'hui à l'alignement de la loggia vénitienne, petit temple d'une grâce émouvante.

Il n'y a pas longtemps, toutefois, qu'on peut le voir en pleine lumière. Devant lui, à quelques mètres seulement, deux maisons s'élevaient, il y a quelques mois encore. Lorsque, après la paix, le roi vint à Pola, il fut indigné de ces offensantes masures et il ordonna de les abattre. Les habitants défendirent leur logis. On vint à bout de leur résistance; les maisons ne forment plus à cette heure qu'un petit tas de moellons rangés devant le temple libéré; le roi constatera, dans quelques jours, que ses ordres ont été suivis.

« Prostyle, tétrastyle, dit M. Calza, l'historiographe de Pola, sur une plate-forme de dix-sept mètres soixante-cinq sur huit, et qui s'élève de cinq marches au-dessus du niveau de la rue, il a un pronaos (six mètres) de quatre colonnes en façade, et d'une sur chaque côté, colonnes au fût lisse de marbre veiné, avec riches chapiteaux en feuille d'acanthe. Le pronaos commande la cella dont les murs longitudinaux sont décorés, aux angles, de pilastres cannelés. Le mur de façade qui sépare le pronaos de l'intérieur, entre deux des pilastres par conséquent, a altéré la forme originale : on doit l'abattre et rétablir le temple *in antis*, tel qu'il était. Sauf ce détail, cette façade est intacte : une architrave et un bandeau de feuilles de vigne soutiennent, au-dessus d'une corniche, le fronton au centre duquel le disque de marbre que nous voyons devait servir de support à un médaillon ou à un bouclier de bronze flanqué de deux figures ailées et de deux monstres marins. Une inscription se lisait aussi, tombée mais lisible encore grâce aux clous qui fixaient les lettres et qui sont restés plantés : *Romæ et Augusto Cesari divi F(ilio) Patri Patriæ.* L'excellente conservation du temple est due en partie à l'appropriation en église consacrée à la Madone (ce qui s'opposa à l'incorporation dans le palais comme on fit de l'autre temple), appropriation renouvelée au XVIIe siècle par la république de Venise. Plus tard, il servit de magasin à grains..... Ce temple dont on rétablira la cella originale, dont on abattra l'éperon qui cache encore, sur le côté postérieur, l'un des pilastres, que l'on débarrassera des fragments architectoniques et des pierres qui seront placés au nouveau musée, ce temple commande dès aujourd'hui au Forum grâce à la démolition des deux petites maisons qui le cachaient et l'étouffaient. Lui aussi a été « redento » par l'Italie ».

Ces précisions nécessaires ne disent pas tout, et ce qu'elles doivent omettre pour laisser à la science toute sa liberté perspicace, c'est l'émotion qui se dégage à la vue de cette œuvre parfaite, si juste, élégante dans la majesté. Les colonnes lisses font ressortir la richesse des chapiteaux et du bandeau à feuilles d'acanthe et de vigne. La corniche à consoles et le fronton sont équilibrés avec un tact infini. Je me souviens des temples, bien rares aujourd'hui, que je lui ai vus frères, la Maison Carrée de Nîmes, plus considérable, le temple dit de Sainte-Marie-Égyptienne à Rome, le temple de Cori que je vis autrefois en allant à Ninfa, un ou deux autres peut-être. Aucun ne m'a procuré l'impression que me cause celui-ci. C'est qu'aucun ne joue à son égal le rôle auquel il était destiné dans le décor qui l'entoure. Tout, à peu près, de ses êtres a été conservé. Un forum s'étend toujours devant lui, à son flanc la curie, comme autrefois sans doute, et la mer romaine bat de nouveau ses flots qu'on entend non loin des degrés. Rien n'est changé de ce qui composait les aspects, à peine rajeunies quelques maisons, les hommes en revanche redevenus Romains. C'est toujours la grandeur et la puissance de l'Urbs, présentes comme passées, qu'il proclame. L'âme de Rome chante toujours dans les pierres ensoleillées. Une allégresse sans seconde fait se hausser le temple sur sa plate-forme, tout fier et éperdu de revivre aux regards des enfants de ceux qui le bâtirent. Quelle chaîne tendue aux générations! Il peut croire que les temps ont continué sans secousses; il reconnaît, vieillard, les descendants des amis de sa jeunesse, enfants prodigues enfin revenus s'asseoir sur son seuil. Demain, escortant le roi, ces descendants poseront les palmes coutumières sous son portique, et l'âme qui chantait pleurera de bonheur en murmurant : c'est bien!

Ce temple témoigne aussi que, en ce siècle d'Auguste que l'on est souvent tenté de déprécier, le goût grec restait encore très pur dans la Rome qui s'y était si vite initiée. En témoigne, d'autre part la seconde parure romaine de Pola, l'arc des Sergi. Il est charmant. Au milieu de la rue qu'il barre, il arrondit sa voûte toute fleurie d'arabesques. Faisant corps autrefois avec les murs de la ville dont il constituait l'une des portes, il reste aujourd'hui isolé, et il ne semble pas avoir perdu à la solitude. Le péril est grand de donner aux monuments un aspect pour lequel ils n'ont pas été conçus. Le dégagement, par exemple, des cathédrales gothiques bâties au milieu des maisons qui les pressaient, est-il heureux? Les lignes montantes des ogives perdent beaucoup sous l'œil qui les regarde horizontalement. De même pour les monuments encastrés dans les murs, et aujourd'hui sans appui. Des portes autour desquelles on tourne, que peuvent-elles signifier? L'arc des Sergi supporte très bien une contradiction qui fut sa moindre aventure. Il était aux trois quarts enfoui sous la terre. On a dû abaisser la rue à son niveau, c'est-à-dire creuser et niveler à l'entour. L'opération fut accomplie peu de temps avant la guerre, et l'arc des Sergi brille tout frais, éclatant, si gracieux et fleuri. Il ressemble beaucoup à l'arc de Titus, au Forum Romain. Quatre colonnes cannelées à chapiteaux corinthiens flanquent l'arc central à la courbe duquel volent deux Victoires tenant une couronne. Sur les parois intérieures court une décoration des plus fines et charmantes; vigne montante, acanthe traînante, dauphins nageant et aigle luttant contre le serpent donnent à l'œuvre son caractère particulier et signent sa perfection. Qui l'éleva? Une femme, Salvia Postumia dei Sergi, en l'honneur de ses fils ou de ses frères dont les statues devaient sans doute se dresser sur les trois bases que porte l'architrave. Ces trois frères répondaient aux noms de Lucius, Caïus et Lepidus Sergius. Caïus était édile et duumvir, Lepidus tribun militaire de la vingt-neuvième légion qui fut dissoute après Actium. Salvia Postumia croyait que ces fonctions méritaient un tel monument sur lequel elle comptait, aussi, pour piper la postérité. Les Sergi sont oubliés pourtant, et leur nom n'est plus prononcé que pour signifier un cube de pierre, sans jamais les tirer personnellement du néant. La postérité est capricieuse et pleine de soupçon.

Deux autres portes, l'Ercole et la Gemina, ornent encore Pola, la première modeste et sans décor, mais du moins conservée à sa destination de porte encore encastrée dans le mur où elle a percé son trou. La seconde, plus imposante avec ses deux arcs accolés, a perdu son originalité primitive qui la faisait double à l'entrée et à un seul arc à la sortie, avec deux demi-colonnes engagées. Elle a perdu une particularité plus précieuse encore, comme a fait la Sergi : sa qualité foncière; elle ne sert plus à rien.

Du Capitole romain rien ne subsiste. L'ancienne citadelle est devenue un quartier urbain, une ville-haute dont la forme a gardé la vieille empreinte, sans aucun monument antique. Sa seule parure est une ancienne église aujourd'hui abandonnée, San Francesco, à nef unique, d'une belle ampleur, au portail délicat, et que flanque un vieux cloître gothique saccagé. Église et cloître sont destinés à devenir le musée archéologique de Pola.

Mais qu'ai-je donc à tourner autour? Je veux dire autour de l'amphithéâtre. C'est lui pourtant qui glorifie Pola. Il y a, de par le monde méditerranéen, quelques quatre-vingts amphithéâtres romains. Celui de Pola compte parmi les quatre ou cinq plus célèbres. Il est le seul en effet qui ait gardé intacte toute son enceinte. Vu de dehors, on le croirait miraculeusement conservé, attendant spectateurs et belluaires. Son effet, de la mer, est violent. Il semble sorti des flots où baigne sa base, et à la fois projeté par la colline à laquelle il est adossé. Du côté de la mer on doit monter, du côté de la terre il faut descendre. Ainsi placé, il lance un double défi à la logique humaine et aux forces naturelles. Les trois rangs de ses arcades s'élèvent massifs, sans les colonnes, pourtant, qui rendent le Colisée si souriant, malgré sa puissance; elles ont été ici arrachées. Mais il l'emporte sur le Colisée par son intégrité : rien n'est changé de l'aspect d'autrefois, nous pouvons jouir, sans rien demander à notre imagination, des mêmes beautés. L'ellipse s'arrondit, doucement infléchie, à peine coupée, mais c'est un repos! par quatre avant-corps, sorte de tours où montaient les escaliers. On dirait d'un beau marbre intact, bien lisse, que l'on voudrait caresser. Tout blanc sur le fond de la colline, il aperçoit dans les eaux son front poli, vieux, si vieux! et cependant à peine ridé, sans rien de flétri.

A l'intérieur, contraste stupéfiant, la ruine absolue. Alors que, à Rome, à Capoue, à Vérone par exemple, les gradins subsistent encore qui nous permettent de repeupler, ici plus rien. Le mur s'offre intérieurement pareil à ce qu'il se montre extérieurement, comme une étoffe sans envers. C'est au IVe siècle qu'on commença à vider. On avait besoin de pierres pour réparer les murs de la ville. On prit celles de ce monument inutile. Si la ville avait été plus grande, l'enceinte y eût passé à son tour; ou si les nobles Polaiens avaient été assez riches pour bâtir des palais comme les nobles Romains usèrent des pierres du Colisée. Un moment l'enceinte elle-même fut menacée. Venise ne rêva-t-elle pas de la transporter tout entière dans l'un de ses îlots, celui qu'occupe aujourd'hui le jardin public, « afin que du haut des navires qui entrent dans le canal de Saint-Marc on puisse admirer avant toute autre beauté ce puissant témoignage de l'audace et de la richesse vénitiennes »? Quel toupet! Marmont, duc de Raguse, plus sage et plus respectueux, se contenta, alors qu'il vice-régnait en Illyrie, de débarrasser l'arène des pierres et des gravats qui l'encombraient, et de donner le signal des fouilles qui offrent aujourd'hui cette œuvre grandiose à nos yeux sans doute familiers mais jamais rassasiés.

Oui, j'aime voir ici ce cirque latin. Ne devrait-il pas, pour cette raison même, m'émouvoir davantage qu'il ne le fait sur cette terre contestée? Le problème ethnique et national devrait le rendre, à mes yeux, plus éloquent encore? Oui c'est bien cela, je ne le vois qu'ainsi, attestant la romanité. Or cette romanité, je n'ai jamais pu sympathiser avec elle sous l'espèce monumentale de l'amphithéâtre. A Rome, à Capoue, à Vérone, partout où j'ai vu de ces cirques formidables, mon instinct a toujours résisté à ma bonne volonté. Les amphithéâtres romains, quoi que je fasse, restent loin de mon entendement et de mon sentiment. Où que je les aie vus, je ne les ai jamais compris, ni sentis. Pour aimer, il faut vibrer; il faut que quelque chose réponde au fond du cœur à ce que dit l'objet de l'amour. Un lien aussi puissant que mystérieux doit s'établir entre les deux âmes avant toute parole précise : on est déjà dans les bras l'un de l'autre avant de s'étreindre. Devant les amphithéâtres romains, j'ai ouvert des bras qui se refermaient sur le vide. Ils sont trop loin de moi. Je n'entends même pas leur voix. Leur raison d'être m'échappe, bien plus, leur usage me répugne. Je puis en admirer la structure et l'art, leur âme entrevue éveille mon dégoût. Leur bestialité ne m'inspire qu'horreur. Les mœurs qu'ils entretenaient, si je les analyse et les restitue, heurtent en moi tout ce qui me paraît mériter de vivre. Rome est mon enfance, ma jeunesse, toute ma vie. Et la voilà sanguinaire, se plaisant à des jeux que je repousse violemment, proclamant un mode de jouir de la vie qui soulève mon cœur civilisé. Si habitué que je sois à la contradiction, sel de la nature humaine, celle-ci est trop forte pour que je ne me cabre. J'ai peur, ici comme au Colisée, de faire rejaillir sur le tout la tare de la partie. Non, non, Rome n'est pas là, dans ces amphithéâtres de brutes. Elle est au Palatin, au Forum, elle est au petit temple d'Auguste, à deux pas d'ici sur la petite place de Pola.

Sans doute, pas plus que devant l'amphithéâtre, je ne partage, devant ce petit temple, je ne partage les sentiments et les idées qu'il suscitait; ce qu'il me dit, du moins, reste du même ordre que ce que je ressens. Il manifeste la véritable grandeur de Rome, dans sa perfection esthétique et son équilibre moral. Aucune grandiloquence, de violence encore moins. Mais de la grâce, de la puissance qui sourit, de la force qui n'abuse pas. Une pensée élevée, un jaillissement d'âme allègre et solide à la fois, une clarté sans seconde enfin. Il n'importe que les dieux adorés ne me satisfassent pas! Derrière eux se cache un sentiment qui les créa conformes aux idées dont je me suis abreuvé depuis dix-neuf cents ans. Je suis fils de la

Rome intellectuelle et morale qui dressa le petit temple grec de Pola, et non pas de celle qui éleva le monstrueux amphithéâtre. Pola peut être fière de l'un à l'égal de l'autre, tous deux irréfutables témoins du passé dont elle est issue. L'étranger a le droit de choisir du moins, et Pola sera indulgente à ma sélection; elle excusera mon refus d'une émotion que le Colisée, en dépit de ses entours, n'a jamais pu lui-même que figer sur mes lèvres si complaisantes pourtant....

Revenu à Brioni, tandis qu'on danse je lis. Le petit livre de M. Calza que je citais tout à l'heure, mes doigts font lever de ses pages tous mes souvenirs qu'ils rassemblent et précisent. Et c'est une belle histoire toute romaine que Pola me raconte.

Des légendes d'abord, recueillies gravement par Strabon, Callimaque, Apollodore, Timée, Justin et Pline : Jason et Médée, Alcinous et les Phéaciens, Pola fondée par les poursuivants de Jason fatigués de leur course, et s'arrêtant au fond de ce golfe abrité. Et c'est, magnifiée, la réalité sans doute de Pola, colonie chalcidienne. Le nom de Pola serait, cependant, dérivé du celte : pol-pozzo, Pola riche en puits. Les Celtes, venus au ve siècle avant Jésus-Christ, trouvèrent le pays occupé et se contentèrent de se mêler aux autochtones ou aux premiers occupants. Ils s'établirent puissamment, et ce sont eux, unis à tant d'autres colons assez malaxés pour former un peuple relativement homogène, que les Romains trouvèrent installés lors de leur expansion vers l'orient. Cinq ans après avoir fondé, en 182 avant Jésus-Christ, la colonie d'Aquileia, Rome soumet à ses lois toute la péninsule istrienne où vivaient des hommes, agriculteurs et marins, parlant la même langue. C'est l'époque de Nesazio dont il ne reste plus que des ruines à quelques kilomètres au nord-est de Pola. Nesazio est la ville istrienne préromaine. On l'a fouillée et on y a trouvé des reliques que l'on m'a montrées tout à l'heure, au musée de Pola. Rome a compris tout de suite ce que peut devenir pour ses ambitions cette rade. Ce n'est guère cependant qu'à l'époque d'Auguste qu'elle pourra réaliser ses desseins. Jusque-là, la lutte est violente entre elle et les indigènes rassemblés autour de Nesazio qu'elle rasera comme elle a fait de Veies. Auguste reconstruit Pola détruite au cours de la guerre de Brutus contre Octave, l'Istrie ayant pris partie pour le premier. Après Actium, Auguste installe des colons militaires à Pola qu'il nomme *Pietas Julia*; mais Pola reste Pola — sans doute parce que c'était plus commode....

Pola, sous les Romains, prospère rapidement. En 27 avant Jésus-Christ on la trouve chef-lieu de la province romaine. Aquileia reste le grand centre de commerce dans la haute Adriatique, mais Pola devient la première étape de ce commerce. Tout l'arrière-pays y apporte des marchandises qui se mêlent aux produits de l'Orient. Et Pola vit prospère jusqu'à la fin de l'empire; elle acquiert alors une importance plus grande encore, lorsque le transfert de l'empire à Byzance la rend si utile, si nécessaire aux communications. Puis viennent les vicissitudes connues des Goths, de Ravenne, de Venise, sans qu'il semble que Pola paraisse souffrir beaucoup des invasions. Cassiodore la chante lyriquement — pour la flatter peut-être, en vue des impôts? Pola et sa campagne sont très florissantes au ve siècle, prospérité à laquelle vient aider la destruction d'Aquileia, en 452. Pola voit passer Bélisaire qui en fait la base de ses opérations. Elle voit Charlemagne dont les Francs inaugurent l'ère de la décadence. Byzance est bien loin en effet pour protéger Pola efficacement. Pola partage le sort de l'Italie, sa mère. Le régime féodal instauré par les Francs accentue la chute; Pola tombe aux mains de marquis peu soucieux d'autre chose que de pressurer en vue de leurs plaisirs — pris en Germanie. Elle était mûre pour Venise à qui elle se donne en 1331; Dante venait d'écrire les mots fatidiques encore invoqués aujourd'hui :

Sicome a Pola presso del Carnaro
Ch'Italia chiude e i suoi termini bagna
Fanno i sepolcri tutto il loco varo.

Pola couverte de tombeaux! Venise ne se soucie donc pas de repeupler? Elle dépeuple au contraire, et souille les temples et les églises chrétiennes primitives qu'elle s'applique à « restaurer. » On sait ce que cela veut dire, alors comme aujourd'hui. Et ce que Venise, en dehors de ses restaurations, fait de plus mémorable à Pola, c'est d'élever une autre citadelle sur le Capitole, là où les Celtes avaient bâti la leur : Pola revenait aux temps pré-romains. Elle déchoit au point que, en 1797, lors de la paix de Campoformio, elle compte 600 habitants. L'Autriche s'en empare; Napoléon la reprend pourtant pour la donner à son royaume d'Illyrie; 1814 rétablit la situation de 1797. C'est un Français, le comte de l'Épine, à qui revient la gloire d'avoir deviné le rôle que pouvait jouer Pola, du moins de se rappeler le rôle qu'elle avait joué au temps des Romains. Passé au service de l'Autriche, il suggère de faire de Pola le port de la marine impériale. On ne l'écoute pas. Trente ans durant, Pola continue à végéter. Vienne sent un jour sa puissance chanceler en Vénétie, en Italie septentrionale. Elle cherche un point d'appui, elle pense à Pola. Et, en 1861, elle commence les grands travaux qui vont transformer Pola en l'une des bases maritimes les plus formidables de l'Europe, et qui aussitôt rendent à Pola sa prospérité civile, en font la grande et riche cité que l'Italie, en 1918, trouve dans sa corbeille d'armistice.

Tout à l'heure je regardais sous la loggia du Municipio un buste de Dante, hommage aux vers immortels et immortalisants. Le Sindaco sourit et me dit :

— Ce buste est là depuis bien longtemps; non pas le même toutefois. En 1915 l'Autriche l'a emporté pour en faire du canon. Mais en 1918, nous avons trouvé des canons autrichiens dont nous avons fondu l'un pour en tirer ce buste.

Le canon du *Viribus Unitis* mué en Dante, n'est-ce pas l'histoire de Pola, et avec elle de l'Istrie rédimée tout entière?

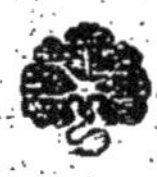

VII

SOUS LES LAURIERS

Abbazia, Fiume.

Les plateaux de terre rouge brillent autour de nous qui les courons. Là-bas, au nord, le Monte Maggiore soulève sa croupe, jouant en terre istrienne le rôle de l'Etna sicilien; on le voit de partout, masse inféconde cependant qui veille sur tout un peuple bouleversé, mère devenue stérile mais qui protège toujours sa multiple progéniture. Sur notre droite se dressent des falaises; ce sont les bords de l'Arsa, du fiord de l'Arsa du moins. Les fiords, — j'entrevoyais, l'autre jour, celui du Quieto, — constituent l'une des caractéristiques de l'Istrie, mi-fleuves, mi-océans s'avançant dans les terres, au-devant des rivières, assoiffés d'eau douce. Le fleuve a rongé la terre faite de cailloux toujours roulant, la mer a lancé ses écumes, et les failles ont cédé sous les deux forces ennemies, ici conjuguées. Seuls les hauts rochers ont tenu sous l'effort, et les eaux se sont installées au milieu d'eux, les unes poussant, les autres accourant pour prendre la place dégagée. La lutte éternelle et toujours pareille des rivages instables a formé tout autour de l'Istrie les fiords silencieux et déserts, bien abrités mais inutiles, dont les hommes s'écartent s'ils en admirent la sauvagerie et les lignes sévères.

Nous sautons l'Arsa à son embouchure dans le fiord, et montons maintenant le long d'une gorge, le val Carpano, sorte de lit de torrent depuis longtemps desséché. Une mine de charbon y a fait pousser un village tout allongé sous la roche qu'il fouille, village noir et désordonné, funèbre sous le soleil où les maisons salies de fumée n'existent qu'en fonction des travaux souterrains, sacrifiées à ceux-ci, où nulle joie : fleurs, eau vive, places riantes, gai clocher, murs envahis de lianes, chemins dorés, enfants joyeux, femmes coquettes, n'apparaissent aux yeux du passant qui se sent honteux de son bien-être.... La glorieuse Albona surgie tout à coup, l'emporte, heureusement, dans le vieux monde qu'il aime, dans l'ivresse des cités magnifiques.

Oh! c'est peu de chose, Albona! Une petite ville sans œuvres insignes. Mais quelle fière posture! Tous mes souvenirs d'Italie se précipitent confus: Cortona, Pérouse, Sienne, Montepulciano, Montalcino, Trevi surtout, et combien d'autres se lèvent à mon appel. Voici la ville perchée sur la pointe du rocher, ceinturée de remparts brunis de soleil, découpant ses toits et ses clochers lisses au-dessus des bastions, escaladant le ciel faute de terre, qui renonce. Le paysage est moins riant ici qu'en la douce Ombrie; Albona en augmente sa rétivité. Mais l'Ombrie est-elle si douce? Dans ses fonds, oui. Ses sommets sont âpres aussi; Spoleto et Todi n'ont rien qui dispose à la béatitude. Albona a dû enfanter des hommes énergiques et implacables. Sentinelle avancée du pays vénitien, elle surveille d'une part le fiord de l'Arsa, de l'autre celui de Fianona. On ne passe point, tandis qu'elle est là. Où qu'il regarde alentour, l'œil peut tout voir. Seul le Monte Maggiore, tout là-bas, barre l'horizon. Poste incomparable dont un peuple plus industrieux que celui-ci tant négligé et, surtout, soupçonné, eût tiré quelque brillante cité. On a vite fait, et moi-même, d'imputer aux Vénitiens l'abandon de ces terres rebelles sans doute, pas plus rebelles cependant que d'autres pleines de prestige légitime. Venise ne se livrait pas aux jeux aimables. Il fallait avec elle et comme elle produire et gagner. Tout de même, elle profitait des acquisitions voisines; elle savait embellir, ne fût-ce que par vanité, besoin de paraître, d'étaler sa richesse. En Istrie, on la devine qui craint un développement trop rapide et supérieur. Les idées sont subtiles; elles entrent subreptices avec les arts, avec les aises. Albona aurait-elle pu, et toutes les autres villes d'Istrie avec elle, devenir de brillantes cités, donner comme Cortona un Signorelli, comme Montepulciano un Politien, Todi un Jacopo, Pienza un Piccolomini?

Une tâche plus étroite l'appelait en tout cas. Albona fut une citadelle vénitienne aux murs de laquelle se heurtèrent vainement les Usquoques, bandits, bandes rapaces jetées sur les terres de Venise par le Habsbourg jaloux. Les empereurs de Byzance dirigeaient les Lombards et les Goths sur l'Italie, et pour se débarrasser d'eux et par crainte d'une renaissance romaine. Le Habsbourg imite le Byzantin. Les Slaves l'inquiètent d'une part, d'autre part il convoite Venise. Coup double! Aux Slaves de Serbie, de Bosnie et d'Herzégovine, qui fuient les Turcs et menacent de chercher pillage en terre germanique, il indique les comptoirs vénitiens à disputer au mécréant. Oh! ce qu'il en fait, c'est par piété, par anti-islamisme. Le Turc dévaste : sus au Turc! Une fois lâché, l'Usquoque, bien entendu, ne choisit pas, il prend tout, sur mer les bateaux à croix comme ceux à croissant, sur terre les récoltes qui n'ont pas de drapeau pour les distinguer. Et l'on partage avec le Habsbourg; qui en douterait? Cela dura jusqu'au XVIIe siècle où le Habsbourg eut tout soumis. Alors il fut pris de pudeur, désavoua ses salariés et les supprima finalement.

Venise, cependant, tenait à ses échelles qui perdaient partie de leur valeur si l'arrière-pays se fermait à son commerce. Après avoir fortifié une Pirano par exemple, elle dut lui donner de l'air, étendre le rayon de sa sûreté, d'où naquit le château que j'ai vu, pesant sur la maritime cité. Albona fut-elle, avant l'époque vénitienne, une citadelle celtique? Je ne sais, et c'est possible en ce pays où les traces des Celtes subsistent plus nombreuses que partout ailleurs. Elle fut néanmoins vénitienne principalement, destinée au rôle de bastion, de place avancée en terre istrienne contre les barbares, comme l'étaient Cividale ou Gemona en terre julienne. Et la ville devient militaire, sorte de camp pour dix mille soldats. Une grande place où mord une basse-tour énorme et moussue. Des rues calamiteuses, étroites et qui ne tardent pas à se continuer en escaliers. Çà et là des palais tout serrés étageant leurs fenêtres à l'image du Grand Canal, et affichant le lion rageur. J'ai fait le tour des remparts, j'ai grimpé à la plus haute pointe, viré dans les ruelles, suivi les courtines. Pas une fois je n'ai posé un pas au niveau du précédent. Monter ou descendre, on a le choix, mais non pas planer. Si la ville, par hasard, était prise, les combats devaient être terribles dans ces couloirs et sur ces pentes. La grande place penche elle-même, et on y arrive comme par une échelle, de quelque côté qu'on l'aborde. Albona est une ville farouche qui attire comme toute violence. Ne lui demandons pas des grâces, elle ne saurait donner que des coups. Ils ont leur saveur lorsque, comme ici, ils traduisent les sentiments d'une âme forte, trempée à la flamme de l'adversité. Des villes peuvent être, comme certaines générations, sacrifiées au bien général. Albona, même du temps des Celtes, ne put jamais être que ce qu'elle fut au temps de Venise : forteresse protectrice. On n'avait pas le loisir de s'y amuser.

***

Je ne l'y ai pas non plus, à peine de déjeuner. Et nous repartons vers Fianona, laissant au-dessous de nous un petit fiord encore, celui de Rabaz, au bord duquel le port de ce nom sert au trafic d'Albona. Quelques instants après avoir quitté Fianona, simple village, voici, enfin, le Quarnero sous nos yeux impatients, et dont, jusqu'à Abbazia, nous suivrons les bords tourmentés. Quarnero aux trois syllabes si émouvantes pour tout Italien ! Golfe profond et vaste, il réunit dans son sein îles et écueils qu'il donne à la terre ferme fraternelle. Le cœur de chacun d'Italie a rêvé de cette union et l'a obtenue en partie, puisque Cherso et Lussin sont italiennes aujourd'hui. Mais Quarnero pouvait-il ne pas signifier ce qu'on n'a pu obtenir plus que ce qu'on a gagné? Quarnero dit le mécompte patriotique de l'Italie, et moi-même je regarde ses eaux et son peuple d'îlots avec déception.

La massive Cherso allonge son gros dos à ma droite, tandis que nous filons sur la route tracée en balcon. D'un saut vaillant, j'ai envie de franchir le canal de Farasina pour mettre à mon tour le pied sur Cherso, et y planter le drapeau de Venise. Mais les trois couleurs y brillent déjà, à Lussin aussi, tout ce qui reste du grand rêve avec le petit écueil de Lagosta perdu au sud. Ainsi en a décidé la « sagesse » du Conseil Suprême. Songez que, de la côte septentrionale, du Quarnero à Raguse, plus de onze cents îles et îlots peuplent la mer. L'Italie les revendiquait, non sans de fortes raisons. Elle en a obtenu trois. Mais c'est un problème! Et je tâcherai de l'aborder sans prétendre le résoudre, dans quelques jours, lorsque je voguerai sur la mer dalmate. Aujourd'hui je me livre à la mélancolie de sentir mes amis attristés et déçus. Le Quarnero mutilé les émeut au plus secret de leur tendresse, au plus respectable de leur sentiment patriotique. Comme je me sens Italien avec eux! Et je ne puis du haut de cette côte d'Istrie voir ce golfe qu'italien tout entier, tandis que Venise et Rimini et Ancône et Brindisi envoient le salut de leurs cloches par-dessus la mer romaine. Les îles flottent, le courant les porte vers nous, elles vont se jeter au continent, se souder sous nos pieds — et, là-bas, Fiume nous appelle....

Nous courons vers elle, vers Abbazia du moins, sa voisine laurée. Car, déjà, dès Laurana qui la prolonge et ne fait qu'une avec elle, les lauriers d'Abbazia nous éventent. Le vrai laurier, le triomphal, le seul, celui d'Apollon! et non pas ses dérivés piteux : sauce, rose ou glanduleux.... On en est submergé. Des bois véritables grimpent le rocher ou se précipitent dans les flots. Les plus abondantes fleurs, cependant, lui font cortège, et les plus diverses, avec une frénésie que je ne vis encore qu'en Sicile. Au pied du Carso on est tout émerveillé de cette profusion exaspérée. Les cyprès lancent leur cierge frémissant, le figuier ploie de vieillesse, les châtaigniers gros messieurs importants, le genévrier bel adolescent, le myrthe grosse dame, l'arbousier et le mûrier faisant foule. Ajoutez toutes les plantes que l'homme cultive, roses ou camélias, géraniums en grappes ou bougainvilléas escaladeurs, la vigne pliée sur la pergola, et, sur la terre cuivrée, la bruyère rose en tapis. Tout cela à pente de roche, grimpant et agrippé, envahissant ce bord si étroit entre mer et terre que, déchargé de ses maisons, on aurait peine à croire qu'il pût en porter. Le Monte Maggiore se jette ici dans la mer, et place lui a manqué pour ses éboulis qu'alors il entasse. On est submergé de fleurs et de flots, accroché soi-même à la pierre qui se cache sous mille parures à la place même où l'écume éclabousse.

Il y a une soixantaine d'années, un patricien de Fiume fut tenté par cette rive abritée, et il y planta ses rosiers.

Autour de sa villa, aujourd'hui parc public, Abbazia se développa aussitôt, et devint une des stations automnales et printanières les plus achalandées. L'Autriche la chérissait. Empereurs et archiducs y séjournaient à l'envi. Des rois s'y rencontraient, et des ministres en mal d'alliance. Abbazia est, au bref, une station renommée, l'une des plus dignes que je connaisse de sa célébrité. Ses rues semblent tracées au milieu des bois, où des boutiques discrètement se tapissent. Les jardins plongent vers la grève, enveloppant les villas qu'ils inondent de parfums. On est saisi, emporté dans une douceur d'atmosphère incomparable. Tout concourt à vous bercer, à rendre la vie aimable et facile. On va de jardins en jardins à travers lesquels brille la mer qui enlève son azur étincelant sur le fond vert des lauriers dont s'éventent ses vagues. Et l'ingénieuse trouvaille : tout le long du flot, épousant la moindre crique, un balcon large de deux mètres se déroule, pendant sept kilomètres, sous les pas du promeneur vengé de l'insolente auto, garanti au moins de sa violence et de sa poussière. L'auto est mal élevée. Elle assourdit le passant, le bouscule, lui donne ses ordres grossièrement, le couvre de sanies — et ce sont là ses moindres méfaits. Le Lungomare d'Abbazia lui est heureusement fermé. L'homme paisible et flâneur ne l'y craint pas; il peut même la narguer et lui décocher quelque pied-de-nez. Errer sur ce balcon est un plaisir doublement charmant....

J'ai passé mon après-midi à flâner ainsi dans l'élégante, lumineuse et paisible Abbazia, heures trop rapides. Du jardin Angiolina à Slatina, du port à Volosca, devant les hôtels, le long de la montagne protectrice des vents, j'ai erré épanoui. Et un amusant spectacle m'a retenu un instant : en Provence on chasse la casquette, faute d'oiseaux; ici c'est l'assiette que l'on tire, l'assiette projetée en l'air par un appareil perfectionné. Au loin, la côte tend son calcaire mystérieux; la petite Castua, sur la crête fiumaine, éveille mes souvenirs de la guerre; la brise de mer chante à mes pieds parmi les rochers; les barques dansottent sous leurs voiles rouges et safranées; les flots se balancent avec elles, et le crépitement de la chasse à la vaisselle scande sans trop de fracas, et même d'un bruit assez joyeux, ces harmonies de la terre heureuse.

Le soir venu, nous nous sommes assis sur la terrasse de l'hôtel, devant la mer où les pêcheurs allumaient leurs lanternes, devant Fiume dont les phares tournent maintenant en vain. Irai-je à Fiume, demain? Y retournerai-je plutôt? Je m'y rendis, voici deux années, sous le « règne » de Gabriele D'Annunzio. Je la vis dans toute sa fièvre de ville-drapeau, de belle révoltée. Quelle la retrouverai-je?

N'y allez pas, me dit-on. C'est triste à pleurer. Fiume est morte. Seule l'Italie y entretient un semblant de vie. Son port ne reçoit plus aucun vaisseau. Sa gare est vide de marchandises. On a bien constitué son État. Mais un port vit de transit. La Serbie a fermé sa frontière; rien ne passe et rien ne passera tant que toutes les difficultés entre Italie et royaume des Serbes, Croates et Slovènes ne seront pas aplanies. Rancune, vengeance, pression, nécessité?... Qui le dira! Le fait est là. Il y a des maisons, des monuments et tout l'appareil du labeur. La vie a quitté tout cela, et c'est inutilement que, le soir, Fiume allume ses phares et ses réverbères : ils n'éclairent qu'un tombeau.

Qu'irais-je faire à Fiume? J'aime mieux me souvenir. Je me revois arrivant dans la ville en fête, grand port pareil à tous les ports avec ses quais, ses larges places, ses palais marchands. La grande rue affiche une italianité flagrante par le dôme bulbeux, l'arc romain, jusque par son dallage familier. J'ai grimpé tout en haut, où siège le palais du gouverneur dont D'Annunzio a fait sa résidence, et j'ai déjeuné chez mon ami. Tout ce que nous avons dit, nos tristesses et nos joies restent indélébiles dans ma mémoire. Pas plus que je n'ai le courage de revoir ces lieux découronnés, je ne puis consigner nos propos : les fastes seront écrits par le héros lui-même et par ses lieutenants. J'ai là, sous ma main, la *Quinta Stagione*, par l'un de ceux-ci, où la vie fiumaine du temps de la magnifique aventure est racontée avec ardeur et bonne humeur à la fois. J'ai passé; l'auteur, Léon Kochnitzky, a demeuré.

Je me rappelle tous ces jeunes gens ardents et enflammés qui m'ont accompagné dans mon tour de ville, en faisant valoir l'animation et la fierté. Combien Fiume était belle si frémissante d'allégresse, il y a deux ans! La revoir aujourd'hui, exsangue, prostrée, morte? Lorsqu'on a connu un être — et une ville est une personne — dans ses heures les plus brillantes, les plus pleines, où il est tout lui-même au plein de son épanouissement, n'y a-t-il pas sagesse à se refuser au contact de sa déchéance? Nous lui devons, il me semble, de ne pas souiller le passé brilllant du présent diminué. De Fiume, aujourd'hui, je ne prétends plus qu'évoquer l'histoire. N'est-ce pas de savoir ce qu'elle fut, ce qu'elle devint, ce pour quoi elle a tant peiné et ce qu'elle paie si cher aujourd'hui, n'est-ce pas de le savoir qui nous importe le plus? Hier nous dira la légitimité d'aujourd'hui, et la justice de demain. Sous les lauriers d'Abbazia, devant les étoiles d'or des quais agonisants, je voudrais démêler un peu les fils embrouillés de cette navrante histoire et fortifier de quelque raison mon sentiment apitoyé.

Ce qui complique le problème, c'est que, double déjà : italo-hongrois, on l'a triplé en y mêlant les Croates. Les Slaves avaient tout intérêt à créer la confusion, à introduire ces Croates dans l'affaire. L'eau bien remuée, ils y pêcheraient. Simplifier est tentant, mais puis-je ne pas tenir compte des éléments divers existants? Essayons de clarifier ce bourbier.

L'absence de documents anciens cause une première difficulté. On n'en possède pas un seul précédant le XIVe siècle. D'où les Croates ont conclu à la non-existence de Fiume avant cette époque. « Ptolémée parle bien de Tarsatica, mais Tarsatica n'est pas Fiume », disent les Croates; Fiume, pour eux, c'est Tersatto sur la rive gauche de la Fiumara qui marquerait la frontière entre la Fiume moderne et la Croatie. Cet argument sur les origines n'est pas valable. Tarsatica fut bien Fiume que Tersatto sur la rive gauche représenta un moment, lorsque Charlemagne détruisit Tarsatica et établit le régime féodal. Tersatto n'a jamais été qu'un château, un castello, la citadelle émanée d'un régime politique et social.

Charlemagne, avant de détruire Tarsatica, l'avait vidée de ses habitants, fils des Celtes peut-être, qu'il entassa dans le château de Tarsetto où ils vécurent plusieurs années durant. Lors de la paix de 812 qui confirme l'ancien partage romain : l'arrière-pays à l'empire d'Occident, la côte à Byzance, Charlemagne doit abandonner Tersatto, et la région de Tarsatica devient fief de l'évêque de Pedana, puis de Pola, tous deux vassaux de l'évêque d'Aquilea. Le refuge à Tersatto n'avait plus de raison d'être, et les réfugiés redescendirent peu à peu au rivage où ils finirent par réédifier complètement leur ville, parce que les forces éternelles de la nature et de l'économie publique l'emportent toujours sur les combinaisons politiques essentiellement transitoires.

Pour que Fiume, en tout cas, ait été une ville croate à ses débuts, on voit l'importance qu'il y a à supprimer Tarsatica qui, d'ailleurs, disent alors les Croates se sentant fragiles, était celte et non romaine : Charlemagne n'aurait supprimé que des Celtes. Fiume romaine, si elle exista jamais, aurait été submergée bien avant la Tarsatica celte, par la première invasion slave du VIIe siècle, deux cents ans avant Charlemagne, invasion qui a effacé toute romanité des rivages adriatiques.

Cette concession : Fiume celte, n'est pas non plus valable. Car, en février 1914, on a découvert dans le sous-sol de Fiume les preuves les plus flagrantes de son existence romaine. Sans doute, se dressait déjà, impressionnant, l'arc romain. Mais un arc romain, on peut le discuter. Il y en a tant, et de tous les temps, partout! Des constructions plus modestes et enfouies sont moins facilement méprisables. On a retrouvé, en démolissant deux maisons situées sur le tracé de l'enceinte médiévale, les restes importants d'une construction romaine, deux gros murs parallèles entre lesquels gisaient des fragments de poteries, des monnaies à l'effigie de Gratien, des éclats d'assiettes d'Arezzo, des morceaux d'amphores, des bronzes, sur un espace de quatre cents mètres carrés. Cela, dès le premier coup de pioche. Sous le second apparurent les fondements d'une muraille d'enceinte, muraille double avec murs transversaux et chambres rectangulaires, dans l'une desquelles on trouva des ornements de bronze, une fibule, un dé, une cuillère d'argent, des pièces de monnaie à l'effigie de Valentinien et de Théodose. D'autres traces encore furent mises au jour qui, étudiées, donnèrent comme date de construction le Ier siècle, celui même de la conquête de la Liburnie par les Romains. Quand on sait par où passait la frontière romaine, la ligne suivie par le mur romain construit de 178 à 128 av. J.-C., pour protéger les Istriens contre les Japodes, et pour délimiter l'empire, cette ville au bord même de la Fiumara et à l'intérieur de ce mur devient toute logique et naturelle. Et le mur resté immuable, idéalement du moins, courant, au sud-est de Fiume, sur le sommet de la ligne de partage des eaux des Alpes Juliennes, le mur se terminait sur l'écueil San Marco projeté dans la mer comme un caillou que lance l'enfant pour fixer la limite de son jardin.

Des âges obscurs ont passé après le départ de Charlemagne, dont on ne sait rien. Deux cents années environ, après lesquelles, en 1028, Tarsatica-Tersatto-Fiume réapparaît tout à coup sous le nom de San Vito : le retour progressif sur l'ancien territoire est assez important pour nécessiter une dénomination particulière.

Ce nom de San Vito est frappant. Pourquoi ce vocable italien, si ce n'est à cause des rapports intimes entre l'Italie et la ville renaissante? Il dut y avoir une immigration importante d'Italiens sur le vieux sol de la ville romaine. Les familles chassées par Charlemagne ont passé partiellement en Italie, d'où elles reviennent italianisées après la tempête, et elles fondent une nouvelle ville avec leurs frères restés à Tersatto sous l'égide des évêques. Ceux-ci ne tardent pas à céder leurs droits à des princes laïcs. Les événements se sont déroulés ici comme en Italie, et nous les connaissons. Régime épiscopal, régime des seigneurs, pour aboutir à la libre disposition, à l'autonomie municipale. Et ce synchronisme de la vie San Vito et de celle de l'Italie n'est-il pas frappant encore une fois? Le développement de Fiume est égal et pareil au développement des villes d'Italie, et il se produit par les mêmes motifs. Tout y est italien, les traditions, les usages, les mœurs, la langue, les monuments, la faune et la flore qui sont istriennes, et, par-dessus tout, la vie publique orientée comme dans la péninsule vers l'indépendance municipale.

Les Slaves, plus particulièrement les Croates, devaient, bien entendu, désirer ce port magnifique, comme ils font aujourd'hui. Tous leurs efforts tendront à s'en emparer, ce qui entraîne la conséquence d'une Fiume d'autant plus vigilante à préserver son indépendance dont elle demande la sauvegarde aux voisins de l'autre rive adriatique. La thèse slave sur le genre d'italianité de Fiume aux XIVe et

XVe siècles, cette thèse qui présente les Italiens comme un résidu d'alluvions italiennes à cette époque, n'est pas recevable. Elle oublie trop les vicissitudes antérieures. La grande difficulté, en ces affaires, est d'éviter les raisonnements catégoriques auxquels nos nations modernes bien tranchées nous prédisposent. Les nationalités se forment en ces siècles agités; elles ne sont pas faites. Il y a des mélanges qu'on ne peut doser avec exactitude, une pénétration enchevêtrée, des avances, des reculs inextricables. Fiume sise sous les Alpes Juliennes voit évidemment descendre des Slaves postés sur ces montagnes et attirés par la mer, par le trafic de Venise, particulièrement. On ne se préoccupait guère, alors, d'une « patrie », et aucune loi n'en créait, y attachait encore moins. D'autant moins à Fiume dont l'idée fixe est l'indépendance. Cela ne saurait autoriser les Slaves à s'annexer Fiume dans l'histoire. Que les Slaves soient venus à Fiume pour y commercer, nul doute. Cela ne signifie pas que Fiume soit slave. Les « Slaves-italianisants », qu'est-ce que cela veut dire? Que des Slaves acceptaient la vie italienne en venant vivre en terre fiumaine. Et c'est la vie seule, la vie fille du passé, qui seule peut nous éclairer et nous fixer.

Cette vie est si vivement italienne à Fiume que, en 1770, lorsque Marie-Thérèse prétend adjoindre Fiume à la Croatie, elle est obligée de s'en dédire. Fiume ne veut pas être croate. Elle accepte seulement l'union à la Hongrie comme pis aller, pour se protéger contre les Croates, et dans l'espoir de devenir le centre commercial de la Hongrie, à la condition toutefois de garder son autonomie.

Et il est nettement spécifié qu'elle formera un *Corpus separatum adnessum sacræ regni coronæ.* Croate, Fiume? En 1797, lors de l'arrivée des Français, les Croates se jetaient sur elle, la pillaient de fond en comble, et les soldats de la république durent prendre les habitants sous leur protection. Dès lors, l'histoire de Fiume ne consigne plus que la lutte entre la ville séparée et la Hongrie, entre l'italianité et le magyarisme, lutte à laquelle se mêle la Croatie qui se base sur la velléité de Marie-Thérèse agissant, lorsqu'elle veut réunir Fiume à sa voisine, par des raisons de commodité politique et administrative, et nullement, pourrait-on le dire, d'ailleurs, sans sourire? par respect des nationalités. Réunir Fiume à Buda-Pesth ou à Zagreb, cela était indifférent à Marie-Thérèse qui ne tendait qu'à un but : soustraire Fiume à l'Italie où les idées d'affranchissement commençaient à germer. Et, Fiume répugnant à la Croatie, l'impératrice se hâte de sauter par-dessus Zagreb pour garder le port convoité.

Longtemps, cependant, le monde y fut trompé; il crut à la parfaite entente de Fiume et des Hongrois, en Italie même on la supposait. Les Magyars n'étaient-ils pas des amis naturels des Italiens, opprimés eux aussi par l'Autriche? Et les exploits de Kossuth soulèvent l'enthousiasme dans la péninsule. Il fallut bien se décider à entendre de plus en plus forte et nombreuse la protestation de Fiume qui niait le Hongrois semblable à celui que Mazzini avait imaginé d'après Kossuth, démocratique, généreux, chevaleresque. Violent, au contraire, orgueilleux, chauvin, intolérant jusqu'à la tyrannie. Dans les premiers temps de la magyarisation ce caractère despotique se fait sentir à Fiume qui réclame son autonomie communale d'autrefois et sa langue suffisantes, à elles seules, pour établir une personnalité, donner une indépendance. Buda-Pesth prétend, au contraire, imposer son hégémonie à tous, Croates, Serbes, Ruthènes, Roumains et Italiens de l'empire; y a-t-il apparence qu'elle se laissera importuner? La première chose à faire est donc d'éteindre toute flamme italienne dans les âmes, et, comme toujours et partout, c'est sur l'école qu'on frappe. L'école devient hongroise exclusivement, et on la remplit par les flatteries, la menace ou les faveurs. Les gymnases, les instituts de commerce et de navigation si importants dans cette ville maritime, se voient imposer la langue hongroise. Et si la ville prétend créer ses écoles propres, on leur rend la vie impossible par les défenses accumulées et les tracasseries innombrables. D'ailleurs les diplômes italiens sont déclarés non-valables. Sans diplôme des universités hongroises, on n'a pas le droit d'enseigner à Fiume.

Il en va de même dans les autres domaines. Sur 27 000 Italiens, par exemple, on reconnaît le droit électoral à 1 200, tandis qu'il est donné à 1 100 Hongrois sur 6 000. Les procès politiques pullulent : on en intente jusqu'à ceux qui se sont rendus à Ravenne pour un pèlerinage dantesque. On exile à tout propos. Économiquement, les Hongrois ont tous les droits. Leurs sociétés et instituts de crédit sont subventionnés par le gouvernement qui étrangle leurs pareils italiens. Les travaux publics sont réservés aux Hongrois, même lorsque les offres sont moins avantageuses. Et les petits faits pittoresques qui en disent long sur les pratiques d'un maître : défense d'applaudir au théâtre le chœur d'*Ernani* où il est chanté : « Siamo tutti una sola famiglia », le chœur de *Nabucco* : « Patria si bella perduta » ; défense d'excursionner en Italie. Les journaux sont confisqués chaque matin, il est interdit aux élèves du gymnase de mettre des marguerites à leur boutonnière et de porter des chapeaux calabrais.

Où est le Slavisme, là-dedans? Nulle part. Et même, lorsqu'il apparaît officiellement après tant d'années de sourde inimitié, c'est pour être réprouvé, en 1877 par exemple, lorsque les électeurs consentent à envoyer des députés à la diète d'Agram (Zagreb), ce à quoi ils s'étaient jusque-là refusé, mais en spécifiant qu'ils « protestent contre n'importe quelle annexion à la Croatie, ou n'importe quelle dépendance vis-à-vis de celle-ci. » Où qu'on cherche, on ne trouvera jamais rien d'autre, dans la question fiumaine, qu'une question hongroise à moins que la répulsion puisse engendrer des droits et des devoirs. La question slave a été créée de toutes pièces par la guerre. De ce que sur la rive gauche du fleuve habitent des travailleurs slaves, est-ce une raison pour que la rive droite où s'élève la ville proprement dite, la rive gauche n'étant qu'un faubourg, le faubourg de Sussak, est-ce une raison pour que la droite doive s'effacer devant la gauche? Je l'ai vu, ce faubourg de Sussak, et j'ai bien ri en songeant au beau projet caressé, un moment, par le Conseil Suprême : donner la rive gauche à la Serbie, et la rive droite à l'Italie. « Séparés par l'estuaire, les deux nations se développeront sans heurt. Et le beau fleuve Fiumara de rouler ses larges ondes entre deux rives opposées et lointaines. » Or je l'ai vue, cette Fiumara-frontière : sa largeur répond exactement à celle du canal Saint-Martin ; un médiocre sauteur la franchirait. On voulut aussi, un moment, donner le chemin de fer à la Serbie. Or ce chemin de fer traverse Fiume de part en part, et, comme tout chemin de fer de port, sur le trottoir. Déraillements provoqués d'une part, carambolage des passants d'autre part, tel eût été le destin de ce chemin de fer.

La véritable question slave à Fiume n'est pas là. Et l'on s'est bien gardé de la formuler lors des discussions diplomatiques. Fiume est le seul port important de la côte orientale de l'Adriatique, organisé pour les grands trafics, le seul, encore mieux, qui soit relié à l'intérieur par un chemin de fer à voie normale. Le nouveau royaume des Serbes, Croates et Slovènes réclame ce port pour aider à son plus rapide développement. Si M. Wilson, à la Conférence, a soutenu avec tant d'acharnement le point de vue serbe, c'est uniquement dans cette vue économique : la Serbie avait traité avec des sociétés américaines pour les travaux publics du nouvel État. Et lorsqu'on disait aux Serbes : pourquoi ne cherchez-vous pas un autre port sur votre côte, Segna, par exemple, achalandé sous les Romains, facile à raccorder, échelle naturelle de la Croatie, à cent kilomètres de Zagreb dont Fiume est à deux cents, ni Serbes ni Américains ne voulaient ou ne pouvaient répondre : il nous faut un port tout de suite pour les travaux soumissionnés par l'Amérique. Le malentendu vient de là ; on n'a jamais dit la vérité; et on est allé chercher des arguments au petit bonheur de l'imagination, c'est-à-dire des arguments sans consistance comme sans valeur. La question slave de Fiume a été créée artificiellement pour les besoins de la cause industrielle serbo-américaine. Elle est factice dans son essence, et la présence d'ouvriers de nationalité slave dans un faubourg et de quelques Slaves à l'intérieur de la ville ne légitime en rien les prétentions d'annexion : à ce compte-là, quelle ville serait sûre, jamais, de sa patrie?

Et donc, s'il y avait problème, il se poserait entre Hongrie et Fiume. Car il est évident que Fiume, tout comme Trieste, désirait avant tout son indépendance. La réunion à la patrie italienne était peut-être, par elle, demandée moins énergiquement que par Trieste. Car ce que Fiume voulait avant tout, c'était se délivrer de la Hongrie acceptée par résignation et par crainte des Croates; ce besoin foncier la jetait aux bras de l'Italie seule capable de la libérer. Le sentiment italien ne venait donc qu'en répercussion, comme moyen; il dut être provoqué. Il le fut, et il fut répondu à l'appel par un peuple clairvoyant. Gabriele D'Annunzio trouva à Fiume l'adhésion absolue et totale d'une ville parfaitement consciente de la nécessité de l'union à l'Italie à laquelle tant de liens d'affection, de mœurs, de langue et d'histoire pareille l'attachaient. Fiume ne vint pas à l'Italie, comme y vint, par exemple, Milan en 1859, mais avec calme, connaissance entière des choses, et avec un plaisir sans ombre. Fiume, délivrée des Magyars, ne voulait pas tomber sous le joug des Croates. Le Magyar, on s'en était accommodé longtemps; il était loin, et il respectait en partie l'autonomie. Mais le Croate, c'est le voisin immédiat, dont on souffre chaque jour les impertinences et la concurrence. D'autant plus que l'Autriche ne se faisait pas faute de l'employer lorsqu'il s'agissait de vexer; elle savait habilement entretenir la haine entre ses sujets de races différentes. Le Croate, voilà l'aversion absolue et qui l'affole presque, du Fiumain. D'Annunzio sut très bien jouer de cette corde-là. La raison l'inspirait : si Fiume n'était pas italienne, elle deviendrait croate. Et tout, plutôt que cette dernière fin, Fiume l'aurait accepté.

Fiume n'est pas devenue italienne, mais elle n'est pas devenue non plus croate, et elle n'est pas plus demeurée hongroise. Elle doit être à peu près satisfaite. Qu'on lui rende la prospérité commerciale, que son port soit rouvert, que la Serbie ne persiste pas dans son blocus et se serve d'elle autonome comme elle s'en servirait serbe, et Fiume se considérera comme parfaitement heureuse. Il y aura toujours dans son sein des luttes partisanes. Italiens, Slaves et même Hongrois continueront à s'y disputer. Ces querelles sont la condition même de la vie publique. Malheur aux nations d'où la politique est bannie! Elles ne tardent pas à tomber dans l'anéantissement de la fade béatitude ou dans l'esclavage.

Tersatto, sur la rive gauche de la Fiumara, pourra rester, sous le nom de Sussak, un faubourg slave de la ville italienne de la rive droite; elle sera, si l'on peut dire, quelque chose comme les communs où loge le personnel domestique à qui l'on doit des égards, mais non les clefs de la maison. Sur cette colline de Tersatto descendirent une nuit les anges qui avaient enlevé de Nazareth la maison de la Vierge. Ils se reposèrent assez longtemps pour que l'on pût croire qu'ils allaient se fixer. Mais non, un certain soir, ils repartirent, traversèrent l'Adriatique et mirent pied à terre sur le rocher de Lorette, où bien vite on construisit une grande boîte de lourde pierre dont on recouvrit la petite cabane qui ne peut plus, dès lors, s'envoler. Si l'on ouvrait la cathédrale de Lorette, la cabane de Nazareth retournerait-elle à Tersatto? En Palestine sans doute. Ouvrez Fiume! Vous ne la verrez jamais prendre la route de Pesth, ni de Belgrade, mais de Rome, son berceau.

VIII

POURPRE, VERT ET ARGENT

En mer.

Depuis ce matin, je vogue. Le *Metcovitch*, bateau confortable du Lloyd triestin, m'a reçu dans ses flancs et m'emporte vers les rives battues de grands problèmes. J'ai traversé, hier, encore une fois, de l'est à l'ouest, l'Istrie italienne, d'Abbazia à Trieste, franchissant le Monte Maggiore qui domine toute la péninsule de ses treize cents mètres; j'ai revu Trieste et la synthèse de San Giusto, et me voilà parti pour la Dalmatie yougoslave où, cependant, l'Italie m'appelle de toutes les voix de son art et de sa civilisation. Comment m'y reconnaître? Arrivant, voici huit jours, j'appréhendais déjà toutes les difficultés qui m'attendent. Plût au ciel qu'elles fussent aussi surmontables qu'en terre triestine! A mesure que le *Metcovitch* descend vers le sud, elles ne font que grandir. J'ai beau revoir, du haut du pont, les proues vénitiennes de Capodistria et de Pirano, m'arrêter un instant dans la petite rade décumane de Parenzo, doubler la tartane de

Rovigno, frôler attendri le paradis de Brioni et retrouver la Rome maternelle aux murs de Pola, rien ne rassure mon inquiétude désintéressée; tout, même, l'augmente et la renforce. Que je doive trouver sur ces bords orientaux de l'Adriatique l'art sans concurrent de la rive occidentale, je le sais, et cette course hors de l'Italie péninsulaire s'en justifie pleinement. Mais cela, je pourrai bientôt le vérifier sans ambiguïté, je n'ai pas à m'en préoccuper pour l'instant. Tandis que la question dalmate se fait de plus en plus impérieuse et trouble dans sa position. Si je ne prends pas soin avant de débarquer de mettre un peu d'ordre dans mes connaissances acquises, quoi donc pourrai-je comprendre du spectacle que les choses et les hommes me réservent? Cette terre peuplée de Slaves, revendiquée énergiquement par ceux-ci, et qui leur fut donnée, cette terre pourtant où les souvenirs romains et vénitiens doivent m'assaillir à chaque pas, comment en débrouillerai-je les contradictions si je reste dans la nuit qui monte à l'horizon sillonné d'éclairs ennemis et menaçants?

J'ai sorti de ma valise mes livres et mes notes. Et tandis que le soleil court vers l'occident où, derrière Venise, il se couchera dans son lit alpin, tandis que le bon *Metcovitch* s'avance vers la brûlante Zara, sur une mer indifférente, je lis et rassemble tout ce que j'ai étudié déjà, pour en former un premier jugement. Si je dois dire, demain matin peut-être, sur le quai de Zara, un dernier adieu à mes amis latins, ce soir, du moins, je demanderai à l'Adriatique sa leçon générale, son enseignement d'une eau qui baigne sans préférence

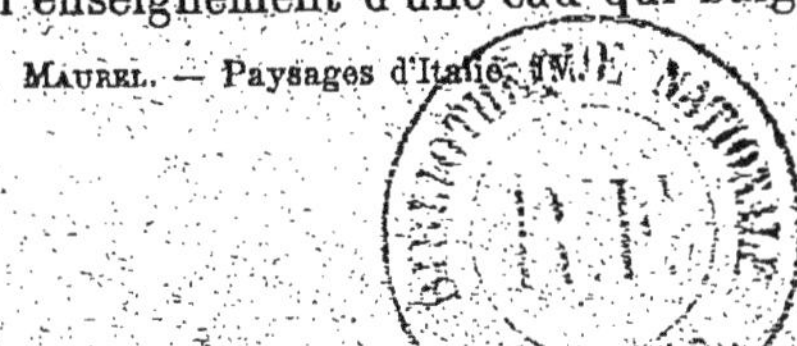

les rives et vivifie sans partialité les hommes de toutes les nations.

A peine a-t-on parcouru l'histoire des bords orientaux de l'Adriatique que la dualité dont la perpétuité va causer toutes les vicissitudes — et tous mes déchirements ! — s'accuse aussitôt : la côte séparée de l'intérieur par le mur des Alpes dinariques mène une vie particulière, presque toujours indépendante sauf aux heures violentes de la vie de l'arrière-pays; ce ne sont pas les mêmes hommes qui habitent, et ce n'est pas la même civilisation qui se développe; aujourd'hui encore les Dalmates détiennent sur l'échelle un échelon situé plus haut que celui occupé par les Slaves de la montagne. Et c'est le point premier et capital dont il faut se souvenir.

Avant de s'appeler Adriatique, cette mer s'appelait, ainsi que le dit Eschyle dans son *Prométhée*, mer de Rhée, ou encore mer de Kronos. Le nom d'Adriatique lui vint plus tard du port d'Adria, à l'extrémité septentrionale, qui jouait le rôle de la Trieste d'aujourd'hui. Au commencement du ve siècle avant Jésus-Christ des colons de la Grande Grèce vinrent chercher fortune jusqu'au Quarnero, dit alors Quarnaro ou Carnaro, et y installèrent des escales commerciales. On a retrouvé leurs traces près de Pola, près de Parenzo et dans l'île de Cherso. L'occupation grecque fut assez importante pour qu'on localisât sur ces bords des épisodes de la légende des Argonautes, d'Antenor et de Diomède. Cadmus fut l'objet d'un culte aux bouches de Cattaro. Les noms, d'ailleurs, sont restés de la Grèce en partie. Si Raguse s'appelait Epidaure, Curzola se nommait Corcyre, Lissa Issa,

Brazza-Brachia, Traü Tragurium, Cherso Crepsa. La prospérité grecque suscite bientôt l'envie des voisins, et Iapodes, Liburnes, Ardyéens, Celtes enfin se jettent tour à tour sur des richesses qu'ils se disputent jusqu'à l'arrivée des Romains. Un royaume illyrien, en effet, sans que l'on soit bien sûr si ces Illyriens étaient des Slaves, s'était fondé vers la moitié du IIIe siècle avant Jésus-Christ, et un roi Agron, vers 240, possédait la Dalmatie et la Liburnie intérieures : on voit déjà la côte séparée de l'intérieur, et l'intérieur aspirant à descendre à la côte. Ça date de loin..... La sécurité maritime se trouvait compromise par le fait des compétitions. Rome se décide à intervenir; elle établit une première base, en 219, à Dyrrachium, la Durazzo d'aujourd'hui. Puis elle remonte le long du rivage, et arrive aux Alpes Juliennes. En 167, elle domine sur toute l'Adriatique, ayant fondé Aquileia, Tergeste ou Trieste, Pola, Salona et même quelque embryon de la future Spalato. Lors du partage de l'empire, nous l'avons déjà vu, la Dalmatie côtière échoit à Byzance qui ne la garde pas longtemps, dépouillée qu'elle en est par les Barbares d'abord, par les Francs ensuite. Nous avons vu aussi le partage de Charlemagne. Les Dalmates côtiers perdent bientôt tout contact avec Byzance lointaine et faible, séparation qui s'accentue lorsque les Normands arrivent à Bari; ils se rendent alors indépendants, et la situation se complique encore lorsque Naples et la Hongrie obéissent au même souverain — nous avons, enfin, appris cela, autrefois, à Naples.

Les Dalmates — appelons-les Dalmates tout court, pour les distinguer d'avec les Slaves de l'intérieur — demandent alors à Venise sa protection contre les ambitions de l'arrière-pays, de la Hongrie surtout. Et je vois qu'il est beaucoup question de « pirates. » N'est-ce pas bientôt dit? On est toujours pirate aux yeux du voisin qui se défend ou qui vous attaque. En réalité, il y eut lutte de peuples désireux de s'assurer la maîtrise de la mer, seule voie, à cette époque, du commerce. Venise s'empare peu à peu, en vue de son trafic, des rivages adriatiques, refoulant ceux qu'on appelle Croates et qui sont des Slaves apparus dans les Balkans au VIIe siècle. Peut-on obtenir plus de précision? Non. Les documents sont trop rares et, d'ailleurs, ils ne prouvent pas grand'chose. La seule source est l'empereur historien Constantin Porphyrogénète qui écrit au Xe siècle, et dit seulement que les Slaves envahirent la Dalmatie — il y avait huit cents ans que les Latins y prospéraient — au temps de l'empereur Heraclius, ce qui permet de situer l'événement vers l'an 600. En tous cas, poursuit le Porphyrogénète, au Xe siècle, deux branches slaves vivaient en Dalmatie : les Croates et les Narentains, les premiers terriens, les seconds marins, tous deux en lutte avec les Latins premiers occupants. Mais quel crédit faut-il accorder à cet unique historien? Les difficultés de jugement, alors déjà, étaient grandes; elles l'étaient tout autant — et je crois qu'on pourrait comprendre bien des choses au moyen de cette analogie — qu'elles l'apparaissent de nos jours en Macédoine où Serbes et Bulgares changent de nationalité selon les générations, Serbes quand ils veulent se délivrer du Turc, Bulgares quand la Bulgarie est la plus forte grâce à l'appui russe; ou bien encore en Italie où l'on se disait tour à tour Guelfe ou Gibelin suivant l'avantage du moment. Tout le long de l'histoire, quoi qu'il en soit des raisons, on ne voit qu'anarchie ou impuissance à unifier les Slaves du sud ou Yougo-Slaves, Dalmates compris. Très divisés entre eux, ils préfèrent, à tout bien considérer, l'autonomie locale, Rome leur en ayant donné le goût. En ces siècles premiers, on constate chez les Dalmates, d'ailleurs, cette supériorité de civilisation à laquelle les origines grecques et romaines ne devaient pas être étrangères, tandis que, en Serbie, on ne trouve trace d'aucun élément latin, même moral. La différence de religion aida encore à la rivalité : on est orthodoxe dans l'intérieur, catholique sur la côte. La séparation reste aussi durable que flagrante.

N'allons point trop vite, toutefois.... Les Hungaro-Croates chassés par Venise ne se sont pas résignés. Ils mènent contre Venise une guerre implacable. La lutte devient acharnée au XIVe siècle. Au commencement du XVe elle atteint sa frénésie dernière, et Venise l'emporte enfin : toute la Dalmatie, sauf Raguse, tombe entre ses mains qui la garderont jusqu'au traité de Campoformio. Cela signifie-t-il que Venise jouit paisiblement de sa conquête? Au contraire. Car à partir de 1420, le problème dalmate, de hongrois qu'il était pour l'Italie, se change en turc et slave. La Dalmatie joue le rôle de rempart de Venise contre les Turcs qui ne sont jamais allés plus loin que Salona, à six kilomètres de Spalato où ils ne sont pas entrés ! La côte occidentale, toute découverte, de l'Adriatique imposait de porter sur l'orientale le boulevard italien, et c'est en partie de cette nécessité que se légitiment encore aujourd'hui les réclamations italiennes. Mais je m'emballe encore une fois.....

Venise doit donc défendre énergiquement le rempart dalmate qu'assiégeaient Croates et Serbes, ces Slaves pressés eux-mêmes par les Turcs. Il s'ensuit que les Latins de Dalmatie finissent par se lasser de jouer le client sur le dos de qui se battent les cochers, et ils émigrent en Istrie, à Venise, en Pouille. La Dalmatie, par suite de cet exode, est dépeuplée. Elle se repeuple bientôt de Slaves descendus et qui se terrent sous les Alpes Dinariques par crainte des Turcs. Mais Venise reparaît, et la lutte reprend jusqu'en 1718; Venise réussit à chasser définitivement les Turcs. Les Turcs, c'est parfait. Mais les Slaves? Ils sont restés là, très diminués mais présents. Leur sort, en réalité, est pitoyable. Les Turcs veulent en nettoyer l'Europe centrale; ils les jettent vers la mer où ils se noieront si ça leur chante, mais la mer, soit Venise, n'en veut pas. Ainsi pris dans cette alternative, que peuvent-ils? Végéter tout au plus.

Les Latins, cependant, à l'abri de Venise sont revenus. Et il est à présumer qu'ils essaiment abondamment, puisqu'on les voit transformer en municipes italiques les villes croates. Un historien dalmate parle de « la transformation des villes croates en villes dalmates. » Zaravecchia et Sebenico, d'origine croate, latinisent jusqu'à leur nom. Les princes croates eux-mêmes latinisent : Michael devient Miroslavus, Zvonimir Suonomirus, Voislav Stefano. Ce Stefano épouse une fille d'Orseolo. Il n'est donc pas douteux que le sentiment latin a persisté ou s'est renouvelé très rapidement et intensément. Il n'était que la continuation d'un mouvement général et qui semble bien irrésistible, commencé depuis deux siècles déjà. Dès le XIIIe siècle, on voit Nona, ville croate, élire un podestat vénitien ; en 1214 les statuts et lois de la ville et de l'île de Curzola sont rédigés en latin ; en 1305, Marino Faliero, podestat de Lesina et de Brazza, promulgue une constitution latine avec approbation de son peuple. Raguse elle-même est latine au Moyen-Age : on la dit d'origine romaine. En 1391, traitant avec des Bosniaques, elle se déclare fille des Romains d'Épidaure. La langue slave y était si peu répandue qu'on était obligé de nommer des professeurs de slave pour les commerçants. En 1332, le moine français Brochart écrit : « Les Latins ont VI citez et autant d'évesques », et il cite Antivari, Cattaro, Dulcigno, etc.... « Et ne habite en ces citez que Latins. » Tous les codes des villes sont écrits en latin et en italien, sauf un seul, celui d'une petite ville, Poglitza, de droit romain en grande partie, mais avec quelques éléments de droit slave. Dans ces codes on trouve la défense aux arrivants de la montagne de se servir d'autre langue que la latine ou l'italienne, comme on peut le lire au Statut de Traù, la Troghir croate. Des actes du synode de Spalato ordonnent que le clergé adopte le rite latin. Zara, Traù, Sebenico gageaient des interprètes officiels de la langue slave. Et l'invasion turque, nous l'avons vu, continuait à jeter les Slaves en Dalmatie où Venise daignait quelquefois les accueillir. De telle sorte, disent les chroniques italiennes, que les Slaves des campagnes furent égorgés, tandis que ceux des villes recevaient leurs frères, augmentant ainsi leur nombre. On voit la conséquence : les Slaves sont des réfugiés et non des occupants.

De ce retour des Latins et de cette obstinée descente des Slaves résulta un mélange aussi indéniable qu'inextricable. De telle sorte que, en 1553, l'historien Giambattista Giustiniani peut écrire : « Les coutumes des citoyens de Zara sont presque italiennes, car la majeure partie des nobles vit, parle, s'habille à l'italienne. Les peuples, bien qu'ils aient tous la langue franque (l'italien), vivent tous à l'usage slave. » Les citoyens, c'est-à-dire les occupants ; les peuples, c'est-à-dire les réfugiés. « Les villes dalmates sont bilingues. *Le cittadini tutti* parlent la langue franque. » Lucio de Traù, historien dalmate du XVIIe siècle, établit la distinction entre Dalmates et Slaves, et fait ressortir l'italianité du Dalmate. Valerio da Ponte, à la même époque, constate l'italianité de Zara, l'usage des deux langues, « le slave étant le patois des plébéiens et paysans. » Farlati, après Valerio, dit que, à Zara, on se croit « au centre de l'Italie. » Et c'est, en somme, comme en Istrie : villes italiennes, campagne slave. Quant aux manifestations artistiques où se manifeste la culture d'un peuple et donc son âme supérieure, celle qui donne son prix et sa signification à la vie, à la civilisation, tout en est latin, italien. Les mœurs, le commerce, les écoles, les églises, les arts suivent les progrès de la rive occidentale de l'Adriatique ; aucune invasion ne peut l'interrompre. La Dalmatie a donné à Rome des empereurs, à l'église elle donne l'auteur de la Vulgate, Fortunio son premier grammairien, Laurana le grand sculpteur, l'auteur de cette *Femme inconnue* au Louvre longtemps attribuée à Donatello, Schiavone peintre, De Dominis le savant, d'autres encore que nous verrons en retrouvant aussi ces derniers. Et si quelques poètes écrivent en langue dalmate, ils paraphrasent les œuvres italiennes; les œuvres serbes ou croates restent dans la montagne, ne fleurissent jamais sur la côte.

Voilà des faits. Faut-il en conclure à l'italianité absolue de la Dalmatie? Ce serait aller aussi vite que de conclure de Laurana au slavisme de Naples! La royauté hongroise à Naples, l'afflux à Venise des Esclavons dont le quai de leur nom perpétue le souvenir, ne prouvent rien. Le contraire non plus, bien qu'une langue et des mœurs soient une autre affaire qu'une statue ou un poème, un roi ou un quai. La vérité est qu'il y eut entre les deux rives un échange continuel, causé par les émigrations et le commerce. Mais l'évidence est que la civilisation la plus développée absorbait ici et primait là. L'Italie a donné sa culture à la Dalmatie, ou plutôt les gens les plus cultivés y prenaient le pas, et c'étaient les Latins, tandis que les êtres restés incultes ne participaient pas. Faudrait-il dire pourtant que ces derniers n'étaient pas chez eux en Dalmatie? Ce serait bien catégorique. D'ailleurs, en tant de siècles, les choses n'ont-elles pas pu changer bien des fois? Enfin, il y a la géographie. Mais ici il faut voir. Et c'est à peine si, en cet instant de mon premier soir, le *Metcovitch* rase les falaises de l'île de Lussin. Je sais, pourtant....

On m'a appelé — et bien à propos pour me préserver de jugement hâtif — dans la délicate intention de me montrer un spectacle féerique. Au fond d'un golfe à l'entrée tout étroite, la ville de Lussinpiccolo, ainsi nommée parce qu'elle est plus étendue que sa sœur Lussingrande — si la logique est pareille pour tous les problèmes de ce pays, me voilà frais! — Lussinpiccolo décrit une ellipse parfaite au bord du disque marin. Elle est gaie, modeste et pacifique, assise le long du flot paisible, sous les pics de ses petites montagnes. Des villas ont poussé sur les pentes, et le calcaire violenté consent à de douces verdures. Mais la merveille, ce n'est pas cela, c'est la mer même à cette heure du soleil couchant. Une mer de sang et qui bouillonne. Le golfe est tout rouge du soleil reflété. Il remue sous la bise, et, par l'hélice, semble agité d'un feu ardent dans ses dessous. Le *Metcovitch* ourle le bouillonnement d'un large galon vert clair et y écume une frange blanche : immense manteau de pourpre bordé de soie verte et d'effilés argentés se déployant sous le vent. J'ai envie de crier! On est à table, au carré. J'y descends et mon enthousiasme a tôt fait de vider les sièges. Tous reviennent et me remercient; après quoi on mange, bientôt narguant la brise qui nous balance; et la nuit tombe, nous emportant vers Zara où, demain matin, je demanderai aux rivages et à la ville de me livrer quelques lambeaux de la vérité — s'il en est d'autre que de beauté après le magique coucher qui m'émeut encore, au fruit, de sa magnificence.

IX

ZARA BELLE D'INDOLENCE

Zara.

Au petit matin, je mets le nez au hublot. Ma cabine est à bâbord, et c'est la côte que je vois. Qu'y a-t-il à tribord? Les îles, je le sais par la carte déjà étudiée. Nous naviguons entre deux rives sur un long et large lac, bien clos dans notre sécurité. Le ciel est pur, la journée sera belle. Nous n'arriverons que ce soir à Spalato, après les deux escales de Zara et Sebenico, suffisantes pour voir ces deux villes. Quelle journée féconde m'attend!

Cette côte doit du moins offrir un excellent miroir au soleil couchant; je m'en promets le spectacle nuancé pour les quelques soirs qui m'y sont réservés. Qu'avais-je donc rêvé? Est-ce à moi seul qu'il est arrivé, lorsque le nom de Dalmatie était prononcé, de croire à des rives généreuses couvertes de jardins en espaliers, couronnées de pics aux forêts brillantes, et de vallées aux pâturages soyeux, chaos de cette « verdure emphatique » dont parle si drôlement Léon Bloy à propos, selon son habitude, de je ne sais quoi, la Dalmatie que M. Élémir Bourges est allé choisir pour *Les oiseaux s'envolent* sur cette réputation d'abondance et d'exubérance? Quittons cet espoir. Déçu? Non pas. La déception est une sottise que je fuis à l'égal de la laideur. Les choses sont ce qu'elles sont, et si elles ne nous donnent pas ce qu'on en attendait, nous fûmes inconsidérés de le leur demander avant de les connaître. Ce n'est pas leur faute, mais la nôtre. La côte dalmate n'apporte qu'un écran aux jeux de la lumière, nulle splendeur ne la pare; je la prends telle qu'elle est, pour en tirer ce qu'elle voudra bien me laisser saisir, m'efforçant de la comprendre et d'en jouir selon ses facultés sans lui reprocher ma propre inconséquence.

En elle-même, la côte dalmate peut se décrire un long mur blanc, de hauteur modérée, qui s'étend, nu, à peu de distance du rivage. Ce mur n'est même pas très découpé. Ses pointes restent basses sans rehauts ni ressauts sensibles, très rapprochées les unes des autres, n'offrant aucune de ces lignes si amples de montagnes dont nous aimons le balancement et les vagues. Des épines, de même pierre blanche, de temps en temps partent du mur et forment des caps, des baies, des promontoires, divisant ces bords en compartiments sans nombre et divers, s'ils se ressemblent. La mer a rongé de toutes parts, entrant, sortant, avançant, reculant, attirée et chassée comme font les ruisseaux pendant l'orage autour d'un tas de sable. Souvent, victorieuse, elle a coupé le pédoncule de l'épine, et l'île est partie en dérive, à l'est de laquelle nous voguons. Seul le mur grâce à ses assises profondes a pu limiter les appétits de la mer, l'obligeant même à laisser à sa base un étroit sentier pour la circulation. Le tout formant dans sa sécheresse un inextricable amas de rochers d'une variété de détails à peine discernables dans cette monotonie foncière où l'on ne sait trop quoi distinguer, séparer, choisir.

Peut-on, d'ailleurs, devant ces Alpes Dinariques, parler de rocher? Et devant cette sorte de lassitude infinie que les choses respirent? Des tas de moellons plutôt, et dont l'abondance seule s'est opposée à la conquête de la mer elle-même alors renonçant. Pierres stériles aussi. Qu'elles sont maigres et tristes! Rien ne pousse sur elles, à peu près rien d'autre que de petits arbustes si minces, écimés nuit et jour par les vents, racines sans sucs à puiser, pelade rongeante qui laisse subsister tout juste des touffes éparses sans vigueur comme sans couleur. Si nous appelons beauté ce qui nous inspire des idées de majesté, de puissance, ce qui présente des lignes ordonnées et amples, ce qui clame la force de la nature épanouie, si le beau c'est, pour comparer, la Sicile ou Abbazia, rien ici ne permet de parler de beauté. Mais si la beauté c'est d'abord harmonie et innocence, combien ce paysage simple est beau! Il faut s'y faire, comme on dit. Peu à peu, il séduit par sa modeste et stricte unité, ses nuances discrètes, timidement cachées. La beauté de la femme pauvre, consciente de sa misère, digne dans ses vêtements râpés, aux gestes contenus, sachant s'effacer, et ne donnant à deviner sa vertu qu'aux plus sensibles et perspicaces. Il faut renoncer ici à tous nos espoirs. Comme la déception, la prévention est illégitime. Interrogez cette côte sans la forcer. Elle répondra selon ses moyens d'où la grandiloquence est absente, peut-être aussi la rudesse, mais où la noblesse de cœur et l'honnêteté d'âme se devinent sous le manteau élimé : le linge entr'ouvert laisse briller des seins haut dressés sous une gorge bien taillée, ventre de bonne courbe deviné.

Je suis monté sur le pont et déjà le *Metcovitch* a mis le cap sur Zara que nous accosterons dans une heure. Le spectacle que je viens de voir successif par la lorgnette du hublot, se déploie d'ensemble devant moi. Hier soir, je faisais appel à la géographie. Elle vient toute seule ce matin, sans que j'aie besoin de la convoquer. Je ne sais pas encore ce que les hommes qui vivent sur cette lisière, entre la mer et les Alpes, répandus sur cette côte dénudée, ce que les hommes m'inspireront. Mais je sais, mes yeux allant de la carte au rivage, je sais maintenant ce à quoi ces bords doivent aspirer, et toute l'histoire en est expliquée. Terre disputée, toujours battue, champ clos des races en mal de la vie, parce que, terre séparée par les Alpes du régime des eaux septentrional, elle tend de toute sa constitution au midi qui l'appelle. Ses yeux ne peuvent regarder qu'au sud et à l'ouest, nord et est lui sont interdits. Tout descend et coule, fleuves et monts, du mur et des bords dalmates, vers une mer méridionale et occidentale. Comment le peuple de ce rocher dalmate pourrait-il chercher ailleurs un horizon? Il n'en voit qu'au couchant. Un pays enchanté, lui a-t-on dit en plus, s'étend derrière les îles, sur l'autre rive occidentale, pays prospère, civilisé, fleuri d'un art éblouissant, riche de passions, avide de conquête aussi, d'expansion : et déjà Venise répond à ces ambitions. Le mur dinarique, au contraire, que cache-t-il? Des hordes sauvages, Goths, Lombards, Slaves, Turcs qui n'apportent avec eux que ruine et massacre. Mais aussi, quels espoirs de proies attirent ces pillards égorgeurs sur cette langue de terre dénudée, sur ces rochers stériles et en même temps si propices rivages! Maîtres de ces bords, on en partira sur une mer paisible pour les fertiles conquêtes; l'accès, d'autre part, est facile et donc tentant, par les bas cols sans danger. Mais ces bas cols appellent à leur tour ceux qui débarquent de la mer. Et la Dalmatie sera le grand boulevard où l'orient et l'occident se battront à qui conquerra l'autre. Ballottée, déchirée, saccagée, elle vit tant bien que mal du flot et de qui le laboure, jusqu'au jour où elle finira par vivre d'elle-même et pour elle-même, avec quelle peine grandie! Et si elle choisit définitivement le continent où elle est attachée pour ses fins politiques et nationales, rien ne pourra jamais détourner son regard et son destin de la péninsule dont les yeux fascinent les siens.

Zara synthétise fortement cet attrait. Le *Metcovitch* a lentement fendu les flots paisibles, et Zara sur sa presqu'île s'étire en riant. Toute plate et basse au ras des eaux, elle est charmante ainsi allongée, s'avançant vers les îles et repoussant loin d'elle les pierres blanches qui l'entourent. De vieux remparts, bien ronds et ventrus, scellés du lion, la ceignent sans l'assombrir, des arbres l'éventent; le classique campanile vénitien joue le beau mât des partances, et la rade du nord forme un second lac où le bateau suspend sa course enfin. Sur l'autre bord de cette rade, des fabriques dressent leur aveuglante muraille à qui le marasquin, qu'elles distillent, nous rend cependant indulgents.

J'ai couru Zara pendant les heures de l'escale, et je me suis trouvé finalement bien rajeuni. Aucun de mes pas ne sonnait sur le pavé qui ne me rappelât tant d'années heureuses à découvrir l'Italie. Il n'est pas ici une maison, un monument d'aspect particulier à la terre où ils ont fleuri; plus loin même que Venise, jusqu'en Toscane ils ont parfois cherché inspiration, modèle. Le Dôme, Santa Anastasia, a remis sous mes yeux mes vierges visions, alors que, à Pise et à Lucques, je m'abandonnais aux premiers vertiges. Cette façade romane reproduit à s'y méprendre le beau décor de la prairie pisane, avec ses colonnes étagées tout au long du fronton. L'intérieur peut-être davantage et, cette fois, mêlé à un souvenir de Venise. Le corps de saint Marc, lorsqu'il fut ramené d'Alexandrie vers la Dominante, reposa à Zara quelque temps; le rappel du Saint-Marc définitif s'imposa lorsqu'on construisit la nouvelle basilique, en 1285. Les trois absides, le triforium évoquent ce pieux souvenir, et jusqu'aux arcs si purs retombant sur les chapiteaux byzantins et corinthiens alternés. San Crisogono, lui, est purement toscan; l'identité avec le dôme de Lucques est éclatante. Ici fut baptisée la reine Jeanne de Naples, et fut couronné Ladislas. A deux pas l'un de l'autre, Pise, Venise et Naples. Cette union dit tout. La guerre de Chioggia n'a pas conduit ici que des armées pisanes : avec les soldats voyageait la civilisation qui grandissait une fois semée. Vous vous rappelez l'aventure? Venise transportant les croisés en terre sainte, à condition qu'ils l'aidassent dans sa conquête dalmate. Et l'armée s'oubliant à Zara au point que le pape dut excommunier transporteurs et transportés pour leur rappeler le nom même de Jérusalem. Jeanne et Ladislas rappellent pour leur part l'union politique de Naples et de la Hongrie. Et la politique fait comme les soldats : elle civilise à l'image de celui qui la dirige. Zara a pris et retenu de chacun qui l'accosta.

Notre Villehardouin vint à Zara. Il en demeura dans l'admiration la plus profonde. Jamais il ne vit, dit-il, pareils murs et semblables tours, et, bien qu'il connaisse Venise, il ne peut imaginer ville plus belle et plus riche que Zara : Venise, à l'aurore du XIIIe siècle, n'était pas encore la Venise qui nous fut léguée ; elle ne faisait que préluder à sa gloire et à sa fortune. A San Simeone de Zara, c'est Venise toute pure, cette fois, qui paraît à nos yeux attendris, et la châsse d'argent de saint Siméon, du XIVe siècle, signe l'art de la Dominante. Zara détruite par les Croisés a été reconstruite par Venise. Et les palais Lantana, Albinoni, Filippi, Pappafava, Cadolini, Fanogna sont tous à l'image vénitienne. Avec Venise et, par elle, avec toute l'Italie, Zara s'est bientôt confondue. D'ailleurs, bien avant que Venise apparût, n'avait-elle pas déjà subi l'attrait italique ? Qu'est donc San Donato, si ce n'est Ravenne tout entière ? Ravenne et Rome elle-même.

Cette église ronde à deux étages fut édifiée sur l'emplacement d'un forum, et des matériaux, probablement aussi des parties de constructions romaines y furent employés : l'âme de Rome gît dans toutes ces pierres empruntées aux antiques monuments. San Donato rappelle San Stefano Rotondo et les baptistères ravennats. « D'un chapiteau on fit une base, d'une architrave un fondement, on redressa la tête en bas les colonnes renversées pour en soutenir la coupole de l'église chrétienne, et de cette audace ingénue et de ces absurdes imprudences naquit cette merveille : San Donato ! » Ainsi parle l'un des historiens de Zara, M. Bernardy. Ainsi nous disons à notre tour, en ajoutant notre émotion romaine que viennent accroître les objets recueillis dans les fouilles et exposés dans les vitrines de San Donato devenu musée. Et je conserverai longtemps au fond de mes yeux, les chatoiements des verres antiques, l'une des plus abondantes collections de verres que je connaisse.

Ces pièces principales examinées, j'ai alors fouillé au hasard du panier. Errant dans la ville, à chaque pas je suis tombé sur le lion rageur, sur les fenêtres biforées, sur les cours aux puits historiés, sur la tour du municipe, sur Santa Maria si pareille aux Miracoli de Venise, sur la loggia Paravia et sur la porte de terre ferme, ces deux dernières œuvres de San Micheli. Il faut flâner sur ces quais que ferment les lourds remparts, il faut tourner dans ces rues étroites où pas un œil de fenêtre ne vous regarde qui ne luise familier à qui s'est promené autour de Saint-Marc; il faut voir la place des cinq puits, vastes citernes dont le Sindaco garde la clef pour les étés au ciel implacable; il faut entrer par les portes derrière lesquelles se cache quelque patio à arcades gothiques; il faut se prêter à mille impressions qui s'effacent dès qu'on veut les formuler nettement, il faut tout cela et bien d'autres rencontres encore pour comprendre tout ce qu'une petite et gaie Zara peut donner de joie à qui a quitté la terre magique pour ces bords exilés.

***

A ces témoignages physiques se joignent les témoignages moraux qui font de Zara, l'Italienne reconnue par l'Europe, solitaire sur cette côte slave. « Zara, dit M. Amy Bernardy dans sa monographie, représente la grandeur et la tristesse de la Dalmatie, si belle et miroir de l'Adriatique, qui est l'histoire de l'Orient et l'Occident réunis, nouvelle et ancienne, chrétienne et turque, histoire de nostalgie et d'art, unie à l'histoire de Naples et à celle de la Hongrie, déchirée par les incursions barbares et embellie par la plus pure gloire latine, histoire illyrienne remontant à plus de deux siècles avant Jésus-Christ, dalmatienne par ses dix guerres contre les Romains, romano-gothique avec Théodoric, orientale avec l'empereur de Byzance en 636, romano-orientale jusqu'à Charlemagne, vénéto-hongroise jusqu'en 1420, turco-vénitienne jusqu'en 1718, enfin vénitienne jusqu'à la chute de la Dominante. France, Angleterre, Autriche passent sur la Dalmatie, de nos jours. Mais son âme est avec Venise. Elle est éperdûment vénitienne. Et les origines mêmes de son histoire semblent la prédestiner et la préparer à la tutelle du Lion. »

Sans doute cette histoire que je lis et dont M. Bernardy m'apporte une version, est écrite par des Italiens, je ne l'oublie pas. Et je verrai plus tard ce qu'il faut rectifier, du moins opposer, du point de vue slave. Mais à Zara, je puis encore me livrer tout entier à mes amis : Zara est trop flagramment fille latine, intégralement italienne. Et voici ce que l'Italie revendique pour le temps présent, après avoir constaté un passé si intimement uni au sien.

Lorsque Napoléon, après 1797, organise la Dalmatie, il le fait à l'italienne, et sans rien violenter. Ce fut donc une province italienne que l'Autriche trouva en 1815. En 1848, un Slave écrivait : « Je vois qu'il y a dans les tribunaux des interprètes de langue italienne pour les Slaves des campagnes, je vois les écoles italiennes, je vois le clergé se refuser à assumer les paroisses intérieures parce qu'il ignore la langue de leur population. » C'est une véritable résurrection de la latinité affaissée au XVIIIe siècle. Aussi lors du Risorgimento un irrésistible élan jette la Dalmatie dans les bras de l'Italie. L'Autriche essayait de tous les systèmes pour étouffer l'italianité, allant du germanisme au slavisme, du panslavisme à l'illyrisme, de l'annexionisme au dalmatisme, de l'italianité à l'italophobie. On est obligé de rédiger en italien un journal croate. Les Dalmates, pour mieux résister, se proclament autonomes. On arrive ainsi à 1866 où Venise est rendue à l'Italie. La Dalmatie reste à l'Autriche qui en entreprend alors ouvertement la slavisation, ou plutôt la croatisation. Néanmoins, jusqu'en 1870, les « autonomes » l'emportèrent aux élections communales et diétales. Tranquille du côté de la France abattue, l'Autriche s'en donne à cœur joie. La corruption et la violence, le faux et l'arbitraire. A Zara on agit à coups de gourdin. Et cependant, en 1879, sur neuf députés de Dalmatie, quatre étaient « autonomes », en dépit du mot d'ordre du lieutenant impérial : « Pas un député italien ne doit être élu. » Jusqu'en 1910, à Cattaro, les enseignes des rues et des places étaient écrites en italien. Un journal croate de Sebenico écrivait en 1911 : « Nous avons l'italien comme langue maternelle; toutes nos mères, nos épouses, nos filles emploient l'italien; mais notre devoir patriotique est de le renier, de le combattre, de l'oublier. » Et Baedeker, la même année, est obligé de reconnaître que « l'équipage et les gens de service » du Lloyd autrichien sont italiens, et qu' « on comprend partout l'italien le long des côtes. »

Faut-il donc conclure à l'italianité absolue et totale de la Dalmatie? M. Attilio Tamaro dont je viens de résumer les déductions n'ose le faire. La Dalmatie a passé par tant de mains! Certains districts appartinrent aux Turcs pendant plus de deux siècles. En douze cents ans, d'autres changèrent plus de dix-huit fois de maîtres. Comment apporter une solution qui ne blesserait aucun membre de cette collectivité panachée? Et les Italiens, devant cette impossibilité de justice absolue, d'invoquer les raisons de prudence nationale, de garanties militaires. C'est, sous une autre forme, la géographie qui reprend son importance vitale. Le régime physique de la Dalmatie étant méditerranéen et occidental, et la configuration de cette côte orientale ne présentant que découpures, baies fermées et protégées, alors que l'occidentale est découverte et indéfendable, l'Italie se trouve perpétuellement exposée aux appétits du voisin sans pouvoir même riposter. Le problème au point de vue italien devient ici de sécurité, tandis que, pour les Slaves, il reste exclusivement économique. Les Slaves ont besoin de ports? Eh! ne peuvent-ils se servir des ports des autres? Ils utilisaient jusqu'à ce jour Trieste et Fiume; que ne continuent-ils? En tous cas, l'aisance du commerce ne peut primer le besoin légitime de tranquillité nationale. Et si des populations slaves ont droit au respect, ce n'est là qu'équilibre à trouver.

Cherchons toutefois, et demandons à un autre écrivain, M. Dudan, l'un des plus fermes champions de la Dalmatie italienne, quelques précisions encore. Ce n'est que par l'accumulation des détails qu'on peut atteindre à la plus approximative vérité.

Jusqu'en 1883, toutes les villes maritimes et les plus importantes de l'intérieur étaient administrées par des Italiens, et en langue italienne. La plupart des écoles étaient italiennes. A cette époque, 1883, tout changea : les conseils communaux tombèrent pour la plupart aux mains des Croates. Libre expression populaire? Pourquoi alors, à Spalato par exemple, ces deux navires de guerre tenant leurs canons pointés sur la ville, le jour de l'élection? Pourquoi ces patrouilles qui arrêtaient les électeurs italiens et les empêchaient de se rendre au scrutin? Ailleurs on annula les votes italiens, des fils nièrent l'identité de leur père pour aider au refus de la validité du vote. De même sur toute la côte, sauf à Zara qui réussit à conserver sa municipalité italienne.

Mais ces incidents ne sont-ils pas grossis et, d'ailleurs, tels quels, fruits naturels des passions électorales dont il convient de chercher les raisons sous-jacentes? Le changement d'orientation politique serait, disent les Slaves, la conséquence de l'évolution démocratique qui fit passer la majorité des classes bourgeoises italiennes aux classes slaves des ouvriers et des paysans. Or la thèse italienne nie cette évolution. Elle affirme la substitution par la violence d'une classe à l'autre, ainsi que la corruption d'une partie de la bourgeoisie italienne qui se laissa gagner par intérêt, par esprit de rivalité, par susceptibilité aussi. Il n'y aurait pas eu évolution, mais abdication. Vienne, d'ailleurs, favorisait ces manœuvres, intéressée qu'elle était à perpétuer la méfiance et les querelles qu'elle exploitait au bénéfice de sa domination. Déjà en 1856, Radetsky conseillait la conquête de la Bosnie-Herzégovine afin de « défendre mieux la Dalmatie et l'Istrie contre les aspirations italiennes de ces provinces. » En 1866, Tegethoff répétait à l'empereur le même conseil. Et le général croate Roditch, gouverneur de la Dalmatie en 1870, renversait les termes du programme en faisant resssortir l'utilité d'une slavisation de la Dalmatie pour préparer la conquête de la Bosnie-Herzégovine. S'il fallait slaviser la Dalmatie, elle n'était donc pas slave? Des complications de politique intérieure, enfin, aggravèrent encore la situation. Au Parlement de Vienne, les Dalmates avaient toujours adhéré au parti libéral. Lorsque l'Autriche s'abandonna à la réaction cléricale et militaire qui s'appuyait sur les masses rurales contre les bourgeois libéraux, l'intérêt du gouvernement devint de remplacer les élus italiens libéraux par des Slaves. Et, comme M. Tamaro, M. Dudan affirme qu'il n'y eut pas démocratisation, mais au contraire réaction démagogique, non seulement dans un intérêt de politique générale, mais dans l'intérêt aussi de la politique viennoise, impériale.

Ce fléchissement incontestable de l'italianité dalmate, qui peut se flatter, étranger, d'en pénétrer sûrement les causes et les secrets? M. Attilio Tamaro nous a dit la perte du pouvoir municipal, et à quelles mesures elle était due. M. Dudan ajoute à ces mesures les habiles répartitions des collèges électoraux, villes noyées dans un lot de communes rurales; à qui connaît la composition des collèges de l'Allemagne cette accusation paraîtra assez fondée. Et M. Dudan d'affirmer que les villes, c'est-à-dire tout ce qui est civilisé (les campagnes sont analphabétiques pour la plupart), est italien. Tout le monde, dans les villes, parle italien, vit à l'italienne, mange à l'italienne. Plus d'un tiers de la propriété mobilière et du commerce est entre les mains de la bourgeoisie italienne. Plus d'un tiers des impositions directes est payé par les Italiens. Les biens de mainmorte de l'Église composent un autre tiers. Les industries ont été créées par les Italiens et leur appartiennent : les liqueurs de Zara, les cires de Sebenico et de Spalato, les mines de charbon de Siverich, le carbure de Cettino, le ciment de Spalato, les sardines de Lissa, les carrières de marbre, le vin, l'huile, les amandes, les transports enfin. La classe ouvrière elle-même est en majorité italienne. Et le problème apparaîtrait alors à peu près le même qu'en Istrie où seul le paysan disséminé est slave, où l'italianité domine dès qu'il y a agglomération, avec cette différence que les agglomérations slaves sont nombreuses en Dalmatie, dès qu'on quitte la côte.

Toutefois, même dans les régions, au sud et au nord, à Bucovitch et à Cattaro, où les Slaves, les Serbes particulièrement, sont en majorité, l'élément hongrois parle italien, vit à l'italienne. Enfin le paysan — mais ceci me paraît bien délicat à affirmer et à contrôler — le paysan, s'il est slave, serait anti-autrichien et donc allié de l'Italie lorsqu'il est orthodoxe, et, lorsqu'il est catholique, il serait anti-serbe.

Qu'y a-t-il d'exact dans toutes ces affirmations? Je ne puis juger, mais seulement consigner. Plus tard, je demanderai aux Slaves ce qu'ils ont à répondre. Mais ce que je ne puis pas faire, c'est nier l'italianité intellectuelle et artistique de ces terres adriatiques. Cela suffit-il cependant, pour trancher le problème? Et si de pauvres paysans arriérés aspirent à une civilisation qui leur soit ethnique et particulière, civilisation que l'égoïsme et la duplicité germaniques leur ont jusqu'ici refusée, doit-on la leur dénier au nom d'un certain passé, quelque gratitude qu'il mérite, si fortement qu'il ait marqué sur les classes évoluées? Il semble bien que pour celles-ci, d'ailleurs, on ne conteste pas, d'autre part, leur sang slave, affirmant seulement leur indéniable culture latine, italienne depuis plusieurs siècles. Mais est-on sûr, alors, que cette bourgeoisie dalmate élevée à l'italienne, italienne d'usages, de mœurs, de langue, d'éducation et d'instruction, est-on sûr qu'elle aspire à un gouvernement de nationalité italienne? Son opposition à l'Autriche pourrait être d'indépendance et non de changement de maître?

On voit à quelles difficultés on s'est heurté jusqu'à ce

jour, et auxquelles on se heurtera chaque fois qu'on abordera de tels problèmes. Le temps seul, au fond, pourra apporter la solution. La supériorité et l'ancienneté latines sont incontestables. Les masses tenues dans l'esclavage et l'abêtissement, pour les mieux exploiter, ont néanmoins des droits. L'heure est-elle venue pour elles de s'acheminer vers une civilisation plus raffinée que la leur? Leurs chefs le disent. D'autres, forts de l'expérience, en doutent. L'avenir départagera. Je quitte Zara sans me prétendre l'avenir. Le *Metcovitch* a levé ses ancres, et Zara, l'italienne Zara, s'étend de nouveau sur sa presqu'île. Elle s'est levée, dirait-on, avec courtoisie pour me recevoir et me faire les honneurs de son italianité; mais l'effort l'a fatiguée et elle se recouche, hâtivement, derrière ses murs, sous les pattes amies de son lion. Zara est indolente, a dit à peu près Victor Hugo.... Elle en profite pour rêvasser, sourire et goûter en paix son marasquin.

X

LA BARRIÈRE DINARIQUE

Sebenico.

Quelques heures ont suffi pour venir de Zara à Sebenico, heures molles sur les eaux résistantes. La côte reste basse au pied du mur lointain, traînées rocheuses ennemies de la végétation et des hommes. Parfois un village apparaît au bord du flot, gris comme le roc où il s'appuie, avec lequel il se confond, maisons tirées du sol même, et dont les murs semblent le coup de rein. Que font là ces gens? A quoi répond cette agglomération vivante, de quelles ressources tire-t-elle sa subsistance? Peut-être se nourrit-elle de solitude et de paix? De temps en temps une chapelle sur une pointe ou dans un creux, accuse un besoin de plus de repos encore. Et cela, pourtant, n'est ni farouche ni repoussant, mais mélancolique, très doux, d'un vieillard fatigué et qui aspire à la plus entière quiétude. Mangerait-il des cailloux? De petits champs entourés de murs en pierre sèche rassurent sur ce point. Pauvres champs où les herbes poussent moins drues que les pierres, et qui verdissent tristement sur le fond rougeâtre de la terre meuble.

A droite du bateau, une île toute nue. Elle est basse, à pic, et aucune vie n'y apparaît. C'est Pasman où la carte indique une ville. Une pointe de clocher la signale. L'accoste-t-on jamais? J'en ressens toute la misère. Sur la côte, encore, on peut se croire libre de partir; un bon bâton, et en route vers la montagne de l'autre côté de laquelle des hommes s'agitent? Hélas! non. L'immensité pierreuse n'est pas moins prohibitive que l'étendue de la mer. Si la tempête me jetait sur ces bords, je ne pourrais plus jamais les quitter. La nature n'y est pas méchante; elle est plus terrible encore. Les barrières qu'elle dresse sont menues, mais infinies. On préférerait quelque abîme qui fouetterait l'énergie. Un gouffre peut se franchir encore; mais une mer de cailloux? Le bond serait inutile et même ridicule à tenter. Que faire devant l'obstacle insignifiant en lui-même, formidable par son renouvellement sous chaque pas? A quoi bon les tourments, les aspirations, les efforts! Vivre lentement, comptant chaque heure, sans besoin comme sans passion, entre deux pierres, sous un toit, de pierres aussi, dans la torpeur savoureuse d'un brahme qui aurait tué en lui, suprême volupté enseignée par Sakya, jusqu'au désir du désir. Lorsque l'Inde des Anglais deviendra inhabitable au disciple du Sage, c'est sur le bord dalmate qu'il cherchera refuge, et la petite chapelle devant laquelle nous passons le recevra sans différence. Qui sait! il s'y trouve peut-être déjà?

Nous avons doublé d'autres îles encore, et nous voici piquant droit vers la rive : Sebenico (Chibénik) est là. Mais je ne la vois pas encore. Les caps se succèdent tendus l'un vers l'autre ; franchis, un autre lac s'étale, jusqu'à la dernière pointe qu'il sera bien impossible, me semble-t-il, de ne pas heurter de l'étrave. Deux petites éminences en effet barrent la rade, laissant juste la place nécessaire au bateau. Deux navires se croiseraient difficilement. Et toujours cette modestie d'aspect, cet « air de rien » déconcertant et rassurant à la fois : si on cognait, on a la sensation que, ce serait, pas plus, comme d'un pied qui bute au pavé. Le *Metcovitch* qui sait son affaire a passé, et la rade de Sebenico se déploie tout à coup, saisissante par son ampleur et son désert. Toutes les flottes du Solent unies à celles de Wilhelmshafen et de Toulon y tiendraient aisément : quelques cartouches de dynamite pour élargir l'entrée que je viens de franchir, et voici le plus magnifique golfe que Neptune ait jamais ménagé aux hommes avides et sanguinaires.

La ville est tapie tout au fond, face à l'entrée, petite sous le roc qui la surplombe et le long duquel elle grimpe. Sur la gauche, un vieux fort vénitien commande l'estuaire de la Kerka qui vient se jeter devant Sebenico dans la mer accourue à sa rencontre. Vénitiens, Turcs, Hongrois, Croates se sont furieusement disputé la petite ville si bien protégée par ses promontoires maritimes et terrestres. Dès le xe siècle, Venise en a compris l'importance. Les Hongrois la contestent à Venise qui la conquiert définitivement en 1412. Onofrio del Campo dit d'elle qu'elle est « de plus grande conséquence que toute autre.

Il importe de la bien fortifier, car si elle tombait aux mains des Turcs, ce serait mettre en péril Venise et l'Italie. » En 1859, l'Autriche hésita longtemps entre elle et Pola. Pourquoi tant gémir, ô Serbes, sur Fiume quand personne ne vous conteste plus Chibénik ? Et je comprends que l'Italie se méfie et craigne de retrouver Pola autrichienne dans la dalmate Sebenico.

J'aurais aimé à errer insouciant dans les rues étroites et cascadeuses. Aucune surface plane autre que les quais. A peine ceux-ci quittés, on s'essouffle. On a beau tourner, passer en deux minutes d'une rue dans l'autre, espérer à chaque tournant en quelque enfilade, l'ascension ou la descente sont la seule ressource. Sont-ce bien des rues, ces couloirs où on efface les épaules lorsqu'on passe, par crainte de heurter les murs ? Et l'on se croit plutôt dans des cours domestiques que sur des places. Çà et là cependant des fenêtres que Venise a ouvertes, des arcs profonds enjambant le chemin, et des escaliers à chaque coin, et des commencements de grimpette à tout pas, qui vont se briser sur une muraille sans faîte aperçu. Que j'eusse aimé m'attarder ! Mais le bateau a pris du retard ; l'escale sera courte. Je me hâte vers le dôme entrevu tout à l'heure au-dessus des toits, et que je sais l'une des plus pures merveilles italiennes que Venise édifia sur ces rives stériles. Sebenico, si pittoresque et amusante qu'elle soit, c'est son dôme avant tout, témoin irréfutable d'un passé que rien ne peut supprimer, s'il ne supprime rien du présent.

On compterait facilement les chefs-d'œuvre achevés, complets. Chartreuse de Pavie, Tempio di Rimini, église de Brou, Vézelay, je n'en oublie pas beaucoup. Le dôme de Sebenico peut se placer sur le rang de ceux-là. Qui veut savoir comment on s'inspire sans imiter, n'a qu'à venir à Sebenico; il y prendra sa leçon. Il trouvera du gothique et de la Renaissance, du vénitien et du toscan, du lombard et du byzantin, sans oublier l'antique de Spalato, tout cela fondu, remanié, passé au crible d'un cerveau neuf s'exprimant dans une œuvre de l'originalité la plus éclatante. De Spalato on reconnaît, à l'extérieur, la croisée des transepts, de l'abside et de la nef; à l'intérieur, la retombée des arcs. Tout de suite après ce léger rappel, voici sur la façade la Renaissance vénitienne mêlée au gothique primaire. Le lombard (c'est à Sainte-Marie-des-Grâces que le Dôme de Sebenico ressemblerait le plus) apparaît dans les frontons et la coupole, et se suivent au hasard du génie les absides toscanes, la voûte centrale en berceau et celle des nefs à arêtes, les colonnes portant des pilastres qui vont à travers deux corniches soutenir la voûte, la sveltesse des arcs d'un gothique largement ouvert, les proportions si justes de l'abside centrale que l'ouverture du dôme éclaire en frisant, tout le décor innombrable et discret des corniches et des arêtes, des pilastres et des chapiteaux en feuilles d'acanthe ou de palmier, et qui laisse, dans un sentiment si juste des convenances, laisse les colonnes nues et lisses pour la force et le repos, le décor aussi des niches en coquille, des statues du fronton, de la corniche, des nefs, et la fantaisie dernière pleine de grâce et d'esprit : tout autour des absides, à l'extérieur, court à hauteur d'homme, un bandeau de têtes humaines — et qui sont des portraits,

L'effet de ces visages animés que l'on sent si vrais, l'effet est indicible de plaisance et de charme. On a envie de s'approcher, de causer un peu avec ces vieilles gens qui ont vu ce Dôme dans sa fraîcheur et sa nouveauté. Mais était-il alors plus beau qu'aujourd'hui? Il n'avait point cette patine que le temps seul peut apporter, ce « cuit » inégal des pierres qui donne à chacune une teinte personnelle, perceptible à peine, mais suffisante pour figurer distincte dans la gamme. Il n'éveillait pas la tendresse que fait toujours naître la solitude des choses éclatantes, Sebenico n'étant pas autrefois la ville déchue qu'elle est devenue. Il ne pouvait porter enfin à son actif les âmes des six siècles qui ont rêvé de lui.

Les vieilles beautés ont pour elles qu'elles ont vécu avec les générations dont elles nous apportent la mémoire, qu'elles ont subi des caresses qu'elles nous offrent à continuer, qu'elles ont entendu maints larmes et rires, qu'elles ont plié sous le poids des hommes et subi leurs regards attendris ou furibonds. Les œuvres que le temps a marquées de son doigt impitoyable, nous parviennent chargées de passé, si fatiguées de la charge! Le poids des misères humaines semble peser sur elles, aussi, hélas! les bonheurs, non moins lourds au souvenir. Il y a en elles toute l'humanité qui les possède et que nous y reconnaissons. Elles sont faites encore plus de ce que nous y mettons que de ce qu'elles contiennent, et c'est toujours nous que nous y retrouvons. Une antique église qui vécut au milieu des foules, fournit au centuple cette mémoire. Lorsqu'elle se signe en outre chef-d'œuvre, quelle émotion ne serait pas la nôtre! Et j'interroge ces têtes amènes ou rébarbatives jetées par la tempête sur cette rive sévère, que les barbares dédaignèrent de briser et que le temps oublie. Comment vinrent-elles ici? Qui les modela?

Tandis que le *Metcovitch* m'emporte de nouveau, cette fois vers Spalato où je compte demeurer quelques jours, je veux tromper la monotonie des îles et du rivage en essayant quelque synthèse de l'art en Dalmatie, dont le Dôme de Sebenico restera le joyau le plus pur et le plus intact.

***

Je viens d'écrire art en Dalmatie et non pas art dalmate. C'est que, en effet, il n'y eut point d'art dalmate. Ce rivage n'adopta même pas, directement tout au moins, les formes orientales florissant sur ses confins. Ordinairement les pays frontières participent de la vie artistique de ceux qui l'avoisinent; se forme alors un art hybride, tenant à deux mondes. Et lorsque ces mondes sont différents en leur essence, une personnalité peut se dégager du mélange, par exemple Venise mi-orientale et mi-italienne, Ravenne byzantine et italienne, Lombardie même où le gothique et le roman ont donné des œuvres italiennes comme le Dôme de Milan et San Zeno de Vérone. Ici, rien de tel. La Dalmatie n'a jamais emprunté à ses voisins orientaux et tout de ses voisins occidentaux. Il semble que les Alpes Dinariques aient été infranchissables, et elles l'ont été réellement, sauf aux hordes pillardes. Ce qu'a accepté exclusivement la Dalmatie, c'est l'art italien tout pur, ne concevant même le gothique qu'à l'italienne, tels les lions lombards du porche de Sebenico et les arêtes des voûtes. En un mot, l'art a été, en Dalmatie, une branche de la civilisation purement latine de cette contrée.

Si la Dalmatie reçut son art de l'Italie, que lui donna-t-elle en retour? Elle pouvait posséder pour le moins des artistes élevés dans le culte italique, sous la préoccupation italienne. Fut-elle donc à ce point stérile de n'avoir pu même enfanter des hommes? Non. Elle conçut des enfants pleins d'un beau génie, qui furent Giorgio Orsini de Zara, l'architecte du dôme de Sebenico, Francesco Laurana le sculpteur de l'arc d'Alphonse d'Aragon à Naples, et de la *Femme inconnue* du Louvre, Luciano Laurana l'architecte du palais d'Urbin et d'Alphonse d'Aragon comme son frère en fut le sculpteur, tous deux nés à Zara comme Giorgio Orsini, enfin Giovanni Dalmata du dôme d'Ancône et du tombeau de Paul II à Rome. D'autres encore, moins fameux, notables pourtant. M. Adolfo Venturi leur fait toutefois une part nationale, je veux dire dalmate, que je ne parviens point à reconnaître. En dépit des origines et des tendances italiques qu'il revendique, M. Venturi ne croit pas que l'art dalmate reflète, comme dans un miroir, l'art de la péninsule, et qu'il n'ait produit ainsi que des imitations serviles et grossières, car, au contraire, il fût toujours animé de la même force naturelle, des mêmes éléments de vie, de pareils frémissements créateurs. Faudrait-il donc, alors, voir ici une manifestation locale? Je pencherais plutôt pour une manifestation personnelle. Ces artistes dalmates étaient de grands artistes. Ils devaient, de par cet état, s'exprimer originalement, tirer leurs interprétations individuelles des principes adoptés, la tirer de l'idéal dont ils étaient nourris. Ils furent eux-mêmes en un mot, c'est-à-dire différents de leurs frères péninsulaires, mais à titre privé, et non pas ethnique. Ils se différenciaient comme tout bon artiste doit le faire et le fait. Je ne puis attribuer à leur patrie une originalité qui n'apparaît que dans l'exécution et non pas dans la conception.

Le premier en date de ces artistes est Radovan que je vais retrouver à Traù. Son art, c'est strictement le roman italien, encore ne l'a-t-il adopté que lorsqu'il était sur sa fin. Aussi s'efforce-t-il, comme fait l'Italie qui va essayer bientôt du gothique, de le rendre plus vif sous la lumière ennemie des tricheries. Et s'il utilise la sève romane, il lui fait produire des fleurs gothiques.

Radovan, aussi bien, ne commande pas à une école. L'Italie se cherchant dans le gothique avant de se trouver dans l'art de la Renaissance, docilement les Dalmates demandent au gothique la base nécessaire. Mais quel gothique ? Celui de Venise, de la Cà d'Oro et du palais des Doges. Giorgio Orsini est le plus marquant de ces Dalmates que le gothique vénitien « gras, frisé, flamboyant », comme dit si bien M. Venturi, va séduire un instant, sans l'accaparer toutefois. Car son œuvre maîtresse, le dôme de Sebenico, n'est gothique que dans certaines formes comme les voûtes des nefs secondaires, et dans certains détails comme les portails; mais foncièrement, dans ses œuvres essentielles, il est d'une Renaissance toute pure qui s'impose, tandis que le gothique doit être cherché : et je ne vois pas meilleure pierre de touche pour juger de l'importance des styles accolés. Pas plus que sur ses frères d'Italie, le gothique, au résumé, ne peut mordre sur Giorgio. Aussi, limitant sa participation au goût de son temps, Giorgio va-t-il se ranger parmi ceux qui, au contraire, rejettent violemment le joug étranger du gothique, et d'un bond remontent demander au passé ses leçons ethniques et physiques : c'est l'œuvre même de la Renaissance dont l'architecte Giorgio Orsini se signale comme l'un des plus marquants représentants. Il est connu aussi en tant que sculpteur, et cette fois sans aucun mélange. Les têtes de la petite frise de Sebenico sont des œuvres achevées, si vivantes et si variées qu'un Donatello pourrait les avouer. De Donatello, Giorgio possède la fougue et la vigueur, s'il n'en montre pas la grâce hautaine. Mais jamais on ne fera rien de plus réel, de plus vrai. J'ai vu autrefois de Giorgio, à Ancône, une *Charité* d'une saveur particulière, mélange curieux des formes antiques et des formes modernes, et qui indique un précurseur.

En même temps que Giorgio vivait un autre architecte de génie, et qui a laissé en Italie de nombreuses traces de son passage : Luciano Laurana, de Zara. Si vous n'avez point vu le palais des Montefeltri, à Urbin, vous avez vu du moins l'arc d'Alphonse d'Aragon à Naples. Il sort de cette main hardie et sûre. Et, avec les autres renaissants, Luciano cherche dans les œuvres anciennes les sources de son inspiration. C'est à Pola qu'il demande soutien pour son audace. Avec le point d'appui de l'antiquité, les renaissants ont soulevé le monde. Ainsi Luciano Laurana lança à Urbin, par l'arc inscrit dans les tours, ce défi qu'est l'accord de l'antique et du moyen âge. Et, par surcroît, il y joint son art le plus nouveau par la partie supérieure de l'arc de Naples, et, par l'adorable cour du palais d'Urbin où Bramante enfant va prendre ses premières leçons.

Avoir réussi à influencer Bramante et même Raphaël, telle fut la fortune principale de Luciano Laurana le Dalmate. Un autre enfant de Zara, Francesco Laurana, frère de ce Luciano, né en 1425, va porter la gloire familiale et citoyenne au plus haut point. Élève de Giorgio il s'éloigne de son maître, dans son art, autant qu'il lui est possible. Giorgio, en effet, est un réaliste plein de mouvement et cherchant à différencier. Francesco Laurana est un idéaliste qui poursuit la synthèse et l'abstraction. Francesco commence à travailler au Tempio de Rimini, et, aussitôt, il est engagé à la cour de Naples où va s'écouler toute sa carrière. Napolitain et Sicile vont se remplir de ses œuvres. On en trouvera même jusqu'à Gênes et à Avignon où elles sont offertes à l'église des Célestins par René d'Anjou : un bas-relief représentant Jésus montant au calvaire, et un Jésus enfant maintenant au musée. Bustes et médailles sont cependant ses plus habituelles productions; les bustes l'ont rendu fameux. Nous en possédons trois à Paris, un au Louvre, un au musée André, le troisième dans la collection Gustave Dreyfus; et c'est la suave Béatrix d'Aragon qui a tant fait rêver. Lui aussi, Francesco, s'est mis à l'école toscane. Et déjà dans l'arc de Naples, Francesco Laurana, qui aide son frère, se dégage, se purifie bien qu'il soit violent encore, s'il a goûté pour jamais au « soave ». On trouve dans cette œuvre une abondance, une sorte d'entassement qui disparaîtront peu à peu pour faire place aux figures isolées et aux formes tendrement austères. Qu'il modèle une princesse d'Anjou ou d'Aragon, Francesco Laurana leur donnera bientôt cette paix sereine des visages non point morts, comme le dit M. Venturi, ni même endormis, mais contenus — matés serais-je tenté de dire — avant l'éclat. Oui, c'est bien « l'image du silence » mais non pas du silence qui exprime l'épouvante de la vie, bouche close, immobile, « sans souffle, qui dort d'un sommeil que rien ne peut interrompre. » Au contraire le silence prémonitoire, celui des heures attendues et craintes où la femme sent qu'elle va vivre sa vie la plus intense à laquelle ce recueillement la prépare ; tout émoi est suspendu sur les traits, parce que réfugié dans l'âme où son intensité reste sans seconde. Rappelez-vous la *Femme inconnue* et dites si celle-là ne vit pas frénétiquement sous son visage glacé! Elle bondit déjà dans les bras qui se tendent, et les yeux baissés ne sont que la dernière pudeur qui aspire à être vaincue.

Enfin il faut nommer, pour être complet, Giovanni de Traù ou Giovanni Dalmata qui n'est guère cité que comme un suivant de Mino avec qui il a travaillé à Rome, à peu près pendant toute sa carrière assez mal connue encore.

A côté de ces grands noms de l'architecture et de la sculpture, il serait injuste d'oublier cependant le nom de deux peintres : Giorgio Chiulinovitch dit Gregorio Schiavone, et Andrea Meldolla dit le Schiavone, c'est-à-dire l'Esclavon, le Slave, ainsi qu'on appelait à Venise tous ceux qui venaient de l'autre bord de l'Adriatique. On a fait à Meldolla-Schiavone l'honneur de prendre certaines de ses œuvres pour des Giorgones, à cause de leur paysage luxuriant et contrasté. Mais Meldolla est beaucoup plus superficiel que Giorgone. Il prend d'ailleurs à Titien, emprunte au Parmesan les formes sans l'âme, l'âme qui ne se vole pas. Quant à Gregorio Schiavone, il est surtout connu comme imitateur de Mantegna.

Tels sont ceux que la Dalmatie envoyait à l'Italie sans qu'ils lui apportassent rien de leur patrie. Et je trouve bien frappant que ses trois plus grands enfants soient nés dans l'italianissime Zara. En échange, l'Italie répandait en Dalmatie des œuvres signées de tous les grands noms de la péninsule, de l'orfèvre lombard de la châsse de saint Anastase à Spalato, de Michelozzo à Raguse, de Niccolo Fiorentino à Sebénico et à Traù, Vivarini, Carpaccio, Titien. Partout se lisent les mêmes signatures qu'en Occident sur cette terre orientale, et, auprès d'eux, aucune autre que d'enfants de Zara. « Les rives abandonnées, reliées par l'étroit bras de mer à la lagune vénitienne, aux plages de Ravenne, au port d'Ancône, aux côtes des Abruzzes, au phare de Bari, sont parties intégrantes de l'organisme latin. L'unité en est attestée par une même matière créatrice de l'art, par les mêmes battements de vie, par les mêmes instincts de civilisation, illuminés par le génie de notre race. » C'est la vérité même; la Dalmatie n'a rien produit, son art est italien; et les quelques hommes de génie qu'elle posséda n'eurent pas grand'peine, grâce à leur Zara, à devenir des Italiens tout purs et exclusifs, sans rien qui indiquât une autre origine, accusât un autre sang.

— Je sais bien, et j'y reviendrai à propos de Radovan, à Traù, je sais que certains écrivains slaves, comme le Dr Vladimir R. Petkovitch, prétendent que le développement qui se manifesta en Europe au moyen âge affecta aussi la Dalmatie, c'est-à-dire que la Dalmatie ne subit aucune influence particulière d'un art de pays voisin : les ressemblances manifestes seraient dues à une source commune. M. Petkovitch va plus loin ; il dit que « le style de la renaissance n'a pu s'implanter facilement en Dalmatie. » N'est-ce pas faire trop bon marché du Dôme de Sebenico, même si l'on prononce Chibénik? Quand on connaît, si peu que ce soit, les rapports qui existaient entre les deux rives de l'Adriatique, rapports commerciaux et guerriers, et aussi lorsqu'on compare les dates toujours postérieures en Dalmatie, il est impossible, si l'on ne nourrit aucune passion nationale, de nier la filiation directe. Tout ce qu'on peut rencontrer d'oriental en Dalmatie n'y vint pas en traversant les Alpes Dinariques, mais par la voie de Venise qui, elle, allait chercher cet art à la source même. Pourquoi la Dalmatie repousserait-elle d'ailleurs ses maîtres latins? Vouloir la rattacher par toutes ses fibres à la Serbie et à la Croatie, c'est lui retirer toute raison de vivre sous prétexte de la faire vivre. Depuis Juvénal, les hommes ne se lassent pas de cette inconséquence.

XI

LA VILLE DANS LE PALAIS

Spalato.

J'AI vu autrefois, près de Rome, Palestrina bâtie dans le temple de la Fortune dont les rampes sont devenues rues, les escaliers degrés, et dont le palais Barberini a conservé l'abside où s'allumait, entre les mains de la déesse, le phare secourable aux navigateurs. Le spectacle est passionnant de retrouver intact sous les constructions plus récentes le dessin même du temple et de ses annexes, de le suivre du doigt sur le mur des maisons, de reconstituer les divers offices, le sanctuaire changé en palais, et, du haut d'un balcon, de voir à ses pieds le temple tout entier dresser sous le plâtre moderne les vieilles pierres bien délimitées de la piété antique. Vision unique, si Spalato n'existait pas. Palestrina, c'est la ville dans le temple, Spalato la ville dans le palais. Deux sœurs romaines installées cités dans la demeure d'un seul, dieu ou homme. A la Fortune de Préneste répond fraternellement l'empereur de Spalato, Dioclétien.

Nous possédons peu de renseignements sur Dioclétien. Il est un des rares empereurs sur lesquels nous ne sachions que peu de choses, à part les grands gestes. J'aime beaucoup les hommes célèbres dont on ne sait quasi rien. Les quelques bribes parvenues jusqu'à nous permettent à l'imagination de s'exercer dans le possible, sans outrage à la vérité puisqu'on ignore.... Comme, la plupart du temps et d'ailleurs, les détails transmis à la postérité ne sont que mensonges de partisans ou convictions de qui n'a pas compris, je me demande en quoi mes déductions fantaisistes, si elles ne sont pas absurdes, leur seraient inférieures?...

De l'état de fils d'esclave, Dioclétien s'était élevé au rang d'empereur romain. Cela permet déjà de conjecturer un habile homme et un bon soldat. Il avait eu des émules, je le sais, partis de moins loin toutefois. Vingt ans durant, il gouverna avec sagesse et prudence, consolida la paix romaine depuis longtemps inconnue, codifia avec perspicacité, et établit minutieusement la succession à l'empire, dans une connaissance parfaite des nécessités de cet empire et des passions des hommes. Il fut enfin l'inventeur des pompes impériales. C'est à partir de son règne que les empereurs pratiquèrent ces cérémonies, adoptèrent ces attitudes, fixèrent cette étiquette rigoureuse, s'environnèrent de ce luxe et de cette hiérarchie qui nous émerveillent encore aujourd'hui. Tout cela n'est pas mal, il me semble? Voilà un fils d'esclave doué d'un génie pratique à la fois et fastueux, et son abdication, après vingt années de pouvoir, accuse une âme haute. Charles-Quint en fit autant? Mais Charles-Quint le fit plus tard, il avait commencé plus tôt. Le pénitent de l'Escurial était enfant de roi. Ce à quoi il renonçait devait paraître moins précieux au petit-fils de Maximilien qu'au fils de l'esclave, et il en avait joui pendant plus de vingt ans. Dioclétien ne fut jamais dupe de lui-même ni de sa déité, ce qui me paraît à peu près unique dans l'histoire.

Je ne vois pour modérer l'enthousiasme dont je me sens envahi en faveur de cet empereur dont je ne sais rien, je ne vois que deux fâcheux indices. L'un très grave : cet ami de la pompe et du faste, ce souverain qui se vêt en idole, s'entoure de mille prêtres personnels sous tous les noms de la servilité, déploie un goût remarquable dans l'exploitation de sa majesté, ce prince, on ne trouva pas une seule œuvre d'art dans le palais de sa retraite. Il aimait bien les lettres, Lactance en est témoin, il n'aimait pas les arts plastiques. Il n'y entendait rien, pour tout dire. Cette indigence se rachète cependant par l'amour des fleurs. Il sera beaucoup pardonné à Dioclétien parce qu'il aura beaucoup aimé les fleurs, du moins je le veux croire. Reste le second indice, la persécution. Elle fut terrible, disent les historiens religieux. Dioclétien se serait montré le plus sanguinaire des empereurs, après Néron, peut-être même avant. Voilà qui gêne prodigieusement ma passion posthume. Mais tout ne pourrait-il pas s'arranger? Ce que nous savons de cette persécution, nous le savons par les chrétiens, Eusèbe principalement. N'étaient-ils pas portés à l'exagération, à la partialité de la victime? Eusèbe lui-même donne beaucoup de détails qui contredisent ses invectives.

Ce ne devait pas être facile de gouverner les chrétiens. Bien souvent on aurait voulu fermer les yeux sur leurs pratiques ; leurs provocations ne le permettaient pas. En avant de la foule paisible des fidèles qui ne demandaient qu'à prier sans ostentation, s'agitait la cohorte zélatrice, injurieuse et compromettante. On avait beau dire : exercez votre culte comme vous l'entendez, chez vous, entre vous ; pourvu que vous n'importuniez pas les autres, vous êtes libres. Les ardents ne l'entendaient pas ainsi, et ils couraient chez les voisins renverser les idoles. Enfin, ils ne s'attaquaient pas uniquement aux croyances, mais bel et bien à l'État lui-même, criant qu'ils refusaient le service public, autant le civil que le militaire, jetant des potées d'injures à la tête de l'empereur, et, par surcroît, se chamaillant entre eux de telle façon que l'autorité impériale est obligée d'intervenir pour que le sang ne coule pas. Une sainte rage, vraiment. Eusèbe lui-même en reste stupéfait. Quel pouvait se trouver, en présence d'un tel spectacle d'une générale fureur, l'état d'esprit de l'empereur ? Dioclétien resta maître de lui, pourtant. Les mesures qu'il prit furent modérées. Il ne mit à mort que dans les cas extrêmes, lorsque la victime l'exigeait par ses provocations directes et blasphématoires. En huit ans de persécution neuf évêques périrent, Eusèbe lui-même le dit. C'est trop de dix, certes, mais est-ce proportionné aux imprécations dont on a couvert le cher homme d'empereur ? Connaissait-il, lui le vieux soldat élevé dans les camps, et depuis vingt ans absorbé dans une tâche surhumaine, connaissait-il la vérité unique du dogme chrétien, et pouvait-il la connaître? Avait-il donc éprouvé la révélation divine? Eusèbe l'aurait dit; ça se saurait! Pour lui le christianisme n'était qu'une secte comme tant d'autres qui pullulaient dans l'empire. Disposé à respecter les rites nouveaux, comme il faisait d'Isis par exemple, ce n'étaient pas des fidèles discrets, respectueux eux-mêmes des croyances des autres qu'il rencontrait — ceux-là restaient chez eux modestes et prudents — mais des enflammés de la plus sainte ardeur qui mettaient leur orgueil à refuser les lois, à provoquer le scandale social et la rébellion, en plus des violences cultuelles. Après vingt années d'un labeur acharné, pouvait-il laisser s'écrouler — en avait-il même le droit? — l'édifice relevé par lui avec tant de peine, pour la satisfaction d'une petite partie des citoyens de son empire, toujours, d'ailleurs, mécontents pour le moins? Et ce qui m'émerveille en lisant, dans Eusèbe, leurs exploits, c'est que mon brave et paternel Dioclétien ait été si patient.

Il avait atteint cependant sa soixantième année. Ce sage et désabusé, son œuvre accomplie de l'empire raffermi dans son présent et organisé dans son avenir, se trouve las du pouvoir. Quittant Nicomédie, il se rend à Rome où il n'était jamais venu depuis son avènement. Quelle bonne note encore à inscrire sur sa fiche! Rome n'était plus rien qu'un grand monument dont un homme pratique en proie à la réalité quotidienne ne pouvait rien tirer. Et avec quelle réserve il y séjourne! Il connaît les Romains, leurs mœurs sobres, relativement du moins. Plus de pompe asiatique, plus de raffinement, une simplicité presque stricte au point qu'elle étonne Rome elle-même : Dioclétien aimait mieux choquer ainsi, le danger était moindre. Ici encore s'accuse le profond politique qui, s'il a senti la nécessité de venir à Rome avant de passer la main, afin d'affermir ses successeurs, a très bien compris aussi qu'il ne devait y apparaître que respectueux, réservé et modeste. Au bout d'un mois, il regagne Nicomédie, libre maintenant de vivre à sa guise et d'écraser, par compensation, sous le palais formidable de Spalato, la petite maison de César au Forum, dont un concierge d'aujourd'hui ne voudrait pas.

La retraite où il entendait finir ses jours était en construction depuis plusieurs années déjà, lorsque, en 305, Dioclétien s'y retira. Était-il né à Salona, ville romaine à six kilomètres du rivage sur lequel il bâtit son palais devenu Spalato? Certains le disent de Podgoritza, au Montenegro. Il est probable qu'il était de Salona; le choix de la rade de Spalato ne peut guère s'expliquer autrement. On trouverait sur cette côte, sans parler de la splendide Raguse, vingt endroits propices à une retraite aimable. Quoi qu'il en soit, c'est au fond du golfe situé non loin de Salona que l'empereur désabusé choisit son repos et le prépara avec soin. Il y vécut huit ans, y mourut, y fut enseveli. Trois cents années passèrent au cours desquelles le palais ne fut pas négligé. On y signale en 424 la présence de Galla Placidia, la fille de Théodose, exilée. En 461, profitant de la décomposition de l'empire, le patrice Marcellinus s'y proclamait roi de Dalmatie. En 474, l'empereur Glycerius, détrôné, s'y réfugia et se trouva finalement trop heureux d'accepter l'évêché de Salona. Julius Nepos s'y fit roi et y fut tué par ses amis Viator et Ovida. En 615 enfin, les Avares apparurent au haut des montagnes qui surplombent Salona. La population s'enfuit vers la mer, s'embarqua pour l'île de Brazza, ainsi que, deux cents ans auparavant, s'étaient embarqués les Vénètes pour les îles de la lagune; puis, voyant que les barbares ne s'avançaient pas plus loin que Salona, ils revinrent au rivage et, dans le palais qu'ils ouvrirent, ils s'installèrent. Spalato était fondé tel qu'il subsiste encore aujourd'hui.

Dès qu'on a franchi le canal entre les îles de Zirona et de Solta, Spalato se déploie. Au pied des monts Caban, une basse presqu'île s'avance de l'est à l'ouest, au flanc sud de laquelle la rade est creusée. La presqu'île se redresse cependant à l'ouest où elle forme le mont Marjan tout couvert de frondaisons; et c'est la seule verdure que l'on voie : tout autour, le désert de pierres grises que Spalato seule anime. Le palais de Dioclétien se dresse au bord de la rade, plongeant ses fondations au ras du flot où, s'il n'y baigne plus par la faute d'un quai, il peut se mirer encore. Des cinquante-deux colonnes qui formaient autrefois la façade marine il reste aujourd'hui trente-huit couturées, ravagées mais nettes encore, aussi visibles que le sont, à Rome, les colonnes du cirque de Marcellus. Comme celles-ci, elles encadrent des murs percés de fenêtres d'où s'échappent, lorsque je débarque, les sons d'un phonographe.... Mon pauvre Dioclétien ne connaissait pas les joies du phonographe. Je crains beaucoup qu'il en eût profité, les jours où il eût trouvé le temps long; et je l'aimerais moins. En revanche il avait installé sur le toit du portique que ces colonnes ouvraient sur la mer un jardin que l'on dit potager; et on nous raconte des histoires de salades plus chères à son cœur que le sceptre. Je préfère, et c'est mon droit, puisque ces laitues ne sont pas prouvées, je préfère le jardin fleuriste au potager. L'homme qui avait le goût du décor au point d'avoir inventé le luxueux cérémonial dont Byzance s'est enivrée jusqu'à en mourir, cet homme devait apprécier la pergola au faîte de sa demeure qu'elle couronnait de roses brillantes des sels marins. Hélas! il ne reste rien de la pergola qu'ont remplacé des toits de maisons à phonographe.

Des tours s'élevaient aux quatre coins de l'édifice rectangulaire et à peu près équilatéral. Au centre de chaque face une porte était percée, d'où deux rues partaient, divisant ainsi le palais en quatre principaux îlots. L'entrée magistrale se trouvait au nord, du côté de la terre, et c'est la porte Aurea, porte monumentale demeurée à peu près intacte. Du côté opposé, celui de la mer, l'entrée est étroite et sans décor, porte intime servant aux offices qui gisaient sous les bâtiments de cette partie du palais, plus basse que les autres à cause de la déclivité du sol. On entre donc encore, du côté de la mer, en tunnel, comme autrefois. A droite et à gauche de ce tunnel, des magasins-caves servent aux négoces de la ville moderne; certains montrent leur pavement impérial. Et j'ai filé droit vers l'Aurea, sans regarder autour de moi, afin d'arriver comme il convient par la porte cavalière et non par la piétonne. La porte de l'est est fermée; celle de l'ouest sert toujours, je la retrouverai.

Cette Aurea « avec le grand arc de décharge ouvert

par-dessus le linteau de l'entrée, dit M. Charles Diehl dont le livre *En Méditerranée* va devenir ici mon guide le plus utile, avec les niches demi-circulaires creusées dans l'épaisseur des parois, avec la rangée d'élégantes arcatures surtout, appliquées contre la partie supérieure de la muraille, et qui s'appuient sur de fines colonnettes sculptées », cette Aurea qui a perdu depuis peu ses colonnettes puisque M. Diehl les a vues et que je ne les vois pas, reste claire dans sa demi-ruine, et son usage par le passant que je suis la rend pour ainsi dire intacte encore. Et j'ai suivi la rue entre les maisons étroites élevées sur les dépendances — l'empereur, du moins on le suppose, logeait dans la partie sud, sur la mer — et taillées dans les murs mêmes de ces dépendances. Car il faut bien s'en pénétrer. Il n'est peut-être pas une maison de cette ville, la vieille ville s'entend, une neuve s'étant bâtie en dehors des murs, à l'ouest, pas une maison, au moins dans l'une de ses parties, qui ne se puisse guère dire fragment du palais. Non pas morceaux enlevés et employés, comme on usa des pierres du Colisée pour les palais de Rome, mais murailles utilisées sur place, là où elles furent dressées par le premier architecte. Certaines rues sont les couloirs d'autrefois, d'autres furent tracées à travers des chambres, des écuries, des salles de gardes, des magasins et tout l'appareil d'un palais qui formait une véritable ville, mais toutes suivant le plan ancien dont elles ont joué sans pudeur comme sans ruine. Supposez toute une horde envahissant le palais de Versailles, se le partageant, le disposant chacun à sa guise, cloisons dressées ici, portes percées là, enfilades pour les véhicules ouvertes ailleurs, fenêtres murées mais dont l'encadrement se voit encore, de temps en temps un belvédère ou un atelier planté sur le toit, des escaliers tournés dans l'épaisseur des murs, et tous les changements de la nécessité, du confort, du caprice ou de la sauvagerie. Versailles serait méconnaissable à Louis XIV revenu, il l'est déjà, d'ailleurs, en beaucoup de parties, grâce à Louis-Philippe; mais ce roi ne s'y retrouverait pas moins. En abattant les cloisons et les appentis, en rouvrant ou rebouchant portes ou croisées, il pourrait rétablir toute chose pareille à celle qu'il disposa, sauf le décor. Il en va de même chez Dioclétien. Une sévère élimination de toute pierre ne datant pas de seize cents ans suffirait pour restituer le palais de Dioclétien dans sa pureté, si ce n'est dans son intégrité. De quelque côté qu'on se tourne ou qu'on aille, les traces apparaissent flagrantes. Cet escalier que je vois, escalier devenu extérieur, le toit ayant disparu, cet arc enjambant plus loin la rue, cette ouverture sur le vide, des pierres entassées dans un espace manifestement ouvert autrefois, et cent autres détails analogues, tout accuse le palais non pas même remanié mais peu à peu adapté par l'habitant. N'y aurait-il que l'étroitesse des voies, qui indique bien que l'on ne se trouve pas ici dans une ville mais dans une villa, elle suffirait à enseigner. Et cette corniche sculptée là-haut, au-dessus de ce mur sordide, dans cette rue noire, que ferait-elle si ce n'est de subsister et son mur avec elle?

Les travaux des archéologues nous attirent trop exclusivement vers les détails monumentaux aux dépens de l'objet même. Pour moi qui cherche tant la vie dans les choses mortes, je ne puis me retenir d'être mille fois plus ému par les sombres rues de Spalato que par le faste de quelque monument. C'est que, comme pour Dioclétien, mon imagination vagabonde, heureuse de recréer cette vie que j'aime. Bien appuyé au mur dont le visage ridé accuse la touchante vieillesse, je supprime et relève en même temps, puisque, suivant le conseil de Stendhal, « il faut faire pour les ruines ce que l'on fait pour les hommes à grande réputation, ajouter ce qui manque et faire abstraction de ce qui est. » Aucune, peut-être, de ces maisons modernes ne pouvant se dire bâtie sur des fondations autres qu'antiques, j'abats la partie haute des murs et j'obtiens une Pompeï aussi attachante que la vraie, et j'y fais circuler tout un peuple de familiers, de gardes, d'affranchis et d'esclaves. Les chars roulent, les gens passent et flânent, les enfants courent, et tout le fracas d'une ville-villa retentit. Autour de moi, que font ceux-ci que je vois en veston et chapeau mou? Ils vont à leurs fonctions professionnelles ou domestiques. Ils s'occupent, l'un de denrées, l'autre de vins, un troisième est scribe, l'agent de police continue à surveiller, et le padre se dirige comme autrefois vers le temple de son Dieu. A peine dois-je transposer. Mon emploi de flâneur ne devait pas manquer non plus autrefois; les visites étaient nombreuses à Spalato où le vieil empereur désabusé recevait des amis, des clients et ses anciens associés à l'empire, qu'il conseillait. Lorsqu'il réclamait en vain qu'on lui renvoyât sa femme restée à Nicomédie, et intervenait auprès de ses successeurs en faveur de sa fille veuve de Galère, un peuple de Missi et leurs serviteurs allait et venait dans Spalato comme j'y trotte aujourd'hui, au milieu des affranchis et des soldats. Rien dans ces couloirs que sont les rues, rien ne met obstacle à ce mélange des deux vies, celle d'hier et la présente. Le décor façonne autant les habitants que ceux-ci leurs entours. Et tout à l'heure, passant sous la porte Ferrea, qui met en communication la ville-palais et la ville neuve, j'ai levé le nez vers les escaliers qui conduisent à la plate-forme dans un pêle-mêle d'arcades et de balcons inextricable, j'ai regardé pour voir si quelque guet n'y sommeillait pas.

Lorsque, ayant franchi la porte Aurea, on avait suivi la voie tracée entre les dépendances, on arrivait, comme on y arrive aujourd'hui, à la cour centrale, le péristyle où s'ouvrait, au fond, la porte de la demeure impériale proprement dite, et où s'élevaient, à droite et à gauche, le temple de Jupiter et le mausolée. Ce péristyle subsiste dans son dessin tel qu'il était voici mille six cents ans ; devenu place du Dôme, il reste strictement tel que fut la cour d'honneur, le mausolée passé au rang de cathédrale et le temple de baptistère. Un outrageux campanile souille malheureusement ce noble ensemble du IVe siècle, et même on a aggravé son cas (son érection au XIIIe siècle commandait quelque respect à notre âge) en le reconstruisant il y a vingt ans. Deux larges portiques, cependant, aboutissent à la porte du fond ouvrant sur le vestibule rond, encore subsistant mais dépouillé, du palais. Ce qu'étaient ces portiques, il est facile de s'en rendre compte. Car si celui de droite est englobé quoique visible dans les maisons qui défigurent et cachent le temple, celui de gauche est ouvert en avant du mausolée. L'homme qui a imaginé cette fuite de colonnes, ces perspectives, ces ombres projetées et ces lumières brutales derrière les ombres, celui-là je le reconnais pour l'ami des fleurs et des pierreries. On gravit quelques marches, et on pénètre dans le mausolée devenu cathédrale, et qui doit à ce pieux usage d'être demeuré à peu près impollué par les âges : et c'est la même fortune qui échut au Panthéon. Seule l'entrée, pour l'aisance du sacrilège campanile, a été modifiée. Au lieu d'une voûte montante, on voyait un portique à fronton comme au temple de droite. Mais, cette voûte franchie, c'est encore et toujours le tombeau que Dioclétien se fit élever, et où il reposa pendant plus de trois cents ans. Un autel à la place du sarcophage, des reliques dans des niches, une vasque pour l'eau bénite, une chaire, et voilà la tombe païenne transformée en église, au minimum de dommages. Le tombeau de sant' Anastasia, la plus puissante des œuvres de Georgie Orsini, rendrait même tout à fait indulgent. Tout le décor, d'ailleurs peut être facilement supprimé en pensée comme le recommande Stendhal, ainsi que le chœur que le XVIIe siècle crut devoir ajouter, mais qui reste caché par l'autel. Le reste, plût au ciel que personne, nulle part, n'ait jamais fait pis !

Le vaisseau intact est solennel, d'une force vraiment romaine, avec un je ne sais quoi d'oriental qui en accentue la pompe. Deux ordres superposés de colonnes de granit rouge, aux entablements fouillés comme la dentelle, aux chapiteaux et aux consoles proéminents et somptueux, portent la pesante coupole où traînent des restes de mosaïques. Entre les colonnes du second ordre, une frise déroule des scènes de chasse, des masques, des festons et des médaillons parmi lesquels figurent, croit-on, ceux de Dioclétien et de Prisca. L'aigle impérial préside à cette ronde, qu'il semble regarder d'un œil lointain et quêteur. A-t-il, lui aussi, comme son maître moins sage toutefois, la nostalgie de l'Orient plus que de ses montagnes natales? Et c'est là, je crois, la grande originalité de ce mausolée, sa moralité aussi. Rome a aspiré de toute son âme à l'Orient séducteur et mortel. Dès qu'elle y a touché, elle a été perdue. La première guerre punique qui l'a, en Sicile, mise en contact avec la Grèce, a signifié que viendrait un jour la décadence. Peu à peu Rome s'en ira vers les bords fascinateurs où elle s'abîmera. Dioclétien terminé la grande lignée vraiment romaine; il est déjà oriental, mais son génie le fait encore à l'aigle songer. Le mausolée, dit M. Diehl, est gros d'avenir; « placé sur la limite de deux mondes, de l'antiquité romaine finissante et du moyen âge chrétien et byzantin, il forme une naturelle transition, il démontre et explique l'évolution qui a acheminé l'architecture romaine vers des principes nouveaux. Sans lui, quelque chose nous échapperait du lien intime qui unit l'art romain du IIIe siècle aux premiers essais de l'architecture chrétienne : et c'est ce qui fait l'intérêt et la nouveauté du palais de Spalato. » Gros d'avenir, de passé aussi. Car M. Diehl pourrait étendre à tout le palais cette vue véritable. La puissance romaine des murs et de la coupole, c'est l'empire de César qui la commande si Byzance exécute. Et tout le décor annonce la force double qui va asseoir Constantin sur le vieux trône des Augustes.

La coupole du mausolée c'est encore le Panthéon, mais n'est-ce pas aussi Sainte-Sophie? Ces colonnes, Rome les a données, mais les chapiteaux superposés et les consoles presque monstrueuses n'ont plus rien à faire avec elles, colonnes qui ne portent rien, mises là pour le plaisir d'orner puissamment. Voici bien le tombeau non plus d'un empereur, mais d'un empire. Ici voulait reposer dans l'alliance fatale celui qui revendiquait les aigles romaines, mais au lieu de la simple toge de laine portait la soie pourpre, sur son front posait le bandeau de perles, et, rejetant les sandales, chaussait des brodequins scintillant de pierreries. Qu'elle est loin la petite maison de César! Aussi loin, même, le mausolée d'Auguste au Champ de Mars.

Vint un moment pourtant où Rome l'emporta, lorsque Jupiter réclama son culte. Le baptistère moderne s'est installé dans le temple que l'on pourrait transporter à Rome sans qu'il y jurât. La porte aux pilastres fouillés, à corniche menaçante, la voûte en berceau et à caissons, je ne les sens que romaines en dépit de leur riche décor. La Grèce, oui, mais à travers Rome et non pas telle que Dioclétien pouvait la prendre à sa source. Je le voyais, cet empereur, je le voyais tout à l'heure d'une mélancolique sagesse. Je le vois maintenant déchiré. Et son angoisse ne peut venir que de sa clairvoyance. Il sent bien qu'il ne peut rien justifier de sa prodigieuse fortune, si Rome n'en forme pas la base. A elle, il doit tout. Et pourtant son cœur reste à Nicomédie. Il est Illyrien de naissance, et c'est déjà l'orient où il a vécu. De toutes ses forces il voudrait concilier les deux passions de son âge. L'une vient de sa raison, l'autre de ses sentiments. Les derniers l'emportent comme chez tous les hommes. Des éclairs pourtant, et c'est la prudente assise qu'il établit du pouvoir impérial. Mais il sait qu'il ordonne vainement : rien ne retiendra ses successeurs sur la pente où lui-même a roulé. Il a deviné Constantin, il pressent Justinien. Ses devoirs et la nécessité luttent désespérément en lui. La soixantaine venue, il renonce à prononcer, et, dans le palais de Salona longuement préparé, il vient enfouir sa contradiction qui l'a vaincu. Il a fait ce palais à son image bifrons et, s'il respecte le passé dans le temple, il sacrifie à sa prédilection dans le monument personnel. Il reposera dans une tombe avant tout orientale, si les portiques extérieurs et quelques formes intérieures attestent, comme il convient, qu'un Auguste ne peut oublier ce qu'il doit à son nom. Le voici qui descend les degrés de son palais, au fond du péristyle. Il a traversé le vestibule circulaire, la rotonde d'aujourd'hui. Triste dans sa solitude, femme et fille retenues loin de lui, il vient chercher apaisement sous la coupole où son sarcophage l'attend. Par avance, il veut y ensevelir la Rome qu'il a maintenue en dépit quelquefois de lui-même. Qu'un grand âge se termine donc avec lui! Il aura été le dernier à garder quelque pudeur romaine, en dépit de son dédain. Et il jette faisceaux et laticlave dans la grande vasque de porphyre, sur lesquels il s'étendra. Un instant il s'est redressé : devant les yeux de son âme ont passé ces chrétiens dont il a voulu contenir l'impatience et peut-être supprimer le danger. Ceux-là qui l'ont bravé, et qui rôdent toujours autour de lui, seraient-ce ceux-là qui créeront l'âge nouveau? Constantin, Constantin que vas-tu faire? Et ses poings se serrent, se détendent tout aussitôt. A quoi bon! Le sage empereur a rempli son devoir, accompli sa mission à son tour et à son rang. Aux autres maintenant, qui régleront le monde suivant leurs besoins. Qui sait s'ils ne détiennent pas la vérité? Et ce vieux soldat, sans subtilité, mais plein de bon sens, je l'entends qui, déjà! conjugue, souriant à sa pergola, le verbe voltairien : « cultiver son jardin. »

*
* *

Hors le palais, la vieille ville, il n'y a pas grand'chose à voir à Spalato, sauf le petit palais vénitien sur la place marchande de la ville neuve. J'ai passé, pourtant, une heure charmante à l'école professionnelle d'art décoratif. Le recrutement des jeunes élèves, garçons et filles, se fait dans les campagnes illettrées, et la méthode d'enseignement est originale, qui néglige toute culture générale et même l'alphabet, avant que l'enfant ait produit, de son couteau ou de sa navette, quelque pièce, témoin de sa capacité. On lui apprend le métier et on lui remet bois ou fil qu'il emploie selon son génie. Alors seulement on l'éduque, et on pourvoit à son instruction. Que rendra le procédé? Il faut attendre. Ce qu'il donne déjà permet tous les espoirs. J'ai vu des objets, sièges, boîtes, broderies, filigranes, dentelles qui, fruit presque spontané du génie inconnu, sont saisissants d'accent, de saveur originale. L'homme dans sa diversité féconde et son inlassable renouvellement, la nature encore plus prodigue qu'avare s'offrent ici à toutes les méditations et posent le problème éternel de la création. Et je suis revenu aux vieilles ruelles renouer la chaîne. Je surprenais à chaque détour une marque misérable ou brillante de la continuité.

Le soir venu, j'ai fait l'ascension du mont Marjan et j'ai regardé le soleil se coucher sur la rade et la ville. La roche calcaire couve d'un doux feu. Comme les Dolomites, elle tend au soleil son écran, mais ici elle absorbe ; elle ne renvoie que, gavée, les trop pâles flammes mourantes. Les passages de teintes sont si subtils qu'on a peine à distinguer, la dégradation est si lente qu'on ne voit plus qu'une mer rose baignant monts et mer, terre et ville. La rade de Spalato est plate comme une table. Les quais poudroient et grouillent d'un peuple au repos. Au large, le soleil se couche sur l'île de Brazza qui s'enveloppe d'un manteau gris à peine teinté de mauve. Elle semble lasse aussi d'avoir tant brillé tout le jour. Elle aspire à la nuit après la peine. Comme son maître elle veut dormir enfin, tous deux ayant mérité la grande récompense de qui a bien cultivé son jardin, le sommeil dont on ne sort pas.

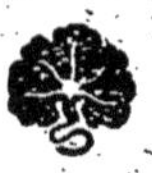

XII

INIUSTI PUNIENTUR

Salona, Traù.

Sur les pentes du Mont Caban, au fond du golfe Canale Castelli qui baigne au nord la presqu'île de Spalato, à six kilomètres de celle-ci, achèvent de se désagréger les ruines de Salona, la vieille ville romano-vénitienne abandonnée lorsque les Avares apparurent entre le Caban et le Mosor, là où se dressa plus tard la forteresse turque de Clissa qui préside aujourd'hui de ses restes démantelés au paysage arrosé par le Jadro. Avant d'arriver aux ruines, on traverse un village moderne assis au bord de ce charmant Jadro. Ah! le joli village à qui les eaux ont prodigué tant de fraîche verdure! Il y a là un coin touffu, dont l'imprévu, certes, en ces terres arides, compose en partie la grâce, par lui-même pourtant plein de charme. Pourquoi mon souvenir fait-il apparaître devant mes yeux le doux Clitumne de la molle Ombrie? *Hic albi, Clitumne, greges, et maxima taurus Victima....* Le contraste des entours, sans doute, provoque ce rappel qui est peut-être un souhait; du Clitumne cependant je retrouve les eaux éparpillées autour d'arbres fins, une prairie que peu de langues suffiraient à tondre; et l'église chrétienne qui se mire aux ruisseaux peut bien jouer le temple que Virgile célébra. Ces chants je vais les soupirer en parcourant les ruines, sous un soleil sévère. Je n'ai fait que passer, emporté par l'implacable automobile, mais la vision reste ineffaçable désormais du petit village moderne de Salona, gardien voluptueux de l'ascétique ville aux sarcophages.

Dans quel état, au juste, les Barbares avaient-ils laissé Salona? Il est difficile d'en juger, si l'on sait que les Vénitiens l'achevèrent lorsque, lors de l'invasion turque, ils se fortifièrent contre la menace de Clissa cette acropole de la cité, et aux mains de l'ennemi. Depuis le XVIIe siècle Salona laissait la terre envahir ses colonnes gisantes et les murs de ses basiliques écroulées, tout ce qui la parait ayant été emporté à Venise, ou donné à qui voulait. Mgr Bulitch, il y a quarante ans, entreprit les premières fouilles qu'il a poursuivies sans relâche jusqu'à nos jours : il y préside encore. La récolte est belle; je l'ai vue d'abord au musée de Spalato, je la vois aussi en courant l'arène. A peu près toute la ville a été tâtée d'une pioche zélée. Et les trouvailles furent importantes. Si, pourtant, je cherche quelque comparaison qui me guide, ce n'est pas, loin de là, Pompeï que Salona me rappelle, mais plutôt le temple d'Apollon sur l'acropole de Cumes : un plan, mais rien qu'un plan très nettement lisible, grâce au pavement et grâce aux bases des colonnes et des murs extérieurs surgissant à quelques centimètres du sol. A Salona comme à Cumes, on ne voit guère que le ras des choses, comme si le rouleau passait soigneusement chaque matin sur ce sol, ayant soin toutefois de respecter quelques protubérances en faveur des maniaques. Est-ce assez pour passionner le curieux? Je ne sais. Mais c'est assez pour reconstituer avec certitude l'œuvre entière, et pour que nous nous rendions compte qu'une grande et puissante cité florissait ici de toutes les fleurs de la latinité. Dioclétien disparu, elle n'avait plus qu'à mourir, après ce suprême épanouissement qui épuisa tout ce qui restait de sève.

Je me sens bien las de ma course sous le soleil pour détailler. Les manuels et les savants, M. Diehl surtout parmi ces derniers, si précis et si perspicace, sont là au surplus. Quand j'aurai parlé de l'amphithéâtre, de la Basilica Urbana, du baptistère, aurai-je traduit les impressions que j'emporte? A énumérer on risque la fausse suggestion d'œuvres intactes, alors qu'il n'y a que débris. Ces débris permettent de travailler avec sécurité, et c'est la tâche des spécialistes que j'en crois sur parole. La mienne modeste est d'éveiller les réflexions où mon penchant m'entraîne, et non pas de prendre des airs d'archéologue. J'ai vu les monuments, les bains, les maisons, les rues, les pavés, les pavements, les colonnes, l'appareil d'une ville enfin, tout cela émietté, par fragments, deviné souvent, fugitives lueurs bien captées. Et la sensation que j'éprouve est d'une cité toute romaine sur laquelle s'est venue greffer une ville chrétienne. C'est celle-ci que Mgr Bulitch a surtout cherchée et qu'il a trouvée. Les centaines de sarcophages qu'on heurte à chaque pas, jusque dans le fossé de la route et que frôle l'automobile, en témoignent.

Salona était cette grande ville romaine devenue chrétienne, lorsque les barbares la dévastèrent. L'importance de ses monuments pieux et de ses tombeaux le dit avec certitude. Et Salona apporte ainsi un témoignage à peu près unique, unique s'il n'y avait pas Aquileia, de la communion des deux grandes civilisations, la romaine et la chrétienne, communion qui se perpétue de nos jours. Il est de mode de parler de la ruine de la civilisation antique, et le tableau en impressionne inlassablement. Ce thème me paraît bien absolu et sommaire. Des villes comme Aquileia et comme Salona permettent une autre conjecture. On trouve à Salona des sarcophages païens abritant des restes chrétiens, et qui nous disent que des familles païennes hospitalisaient, de bonne volonté, dans le tombeau des ancêtres les morts de la secte adverse. Et si les chrétiens acceptaient de séjourner, en attendant la résurrection, dans la pierre sacrilège, quelle seconde lumière sur les mœurs fraternelles! Les païens étaient indulgents aux nouveaux venus; les chrétiens ne reniaient rien de la civilisation romaine, en adoptaient au contraire tout ce qui ne blessait pas leur zèle, et même un peu plus puisqu'ils consentaient à reposer sous la dalle païenne. La belle leçon! Et dire : la ruine de la civilisation, c'est trop vite prononcer. La société obéissait au besoin de l'homme de vivre en paix avec son prochain; si chacun pensait à son dieu, pour le reste de l'existence quotidienne il respectait et adoptait les usages du voisin. Tout chrétien soumis aux lois et aux coutumes avait grande chance de rester indemne. En réalité les deux sociétés s'entendaient; ou plutôt il n'y avait pas deux sociétés, mais une seule, pratiquant deux religions. On sait la grande tolérance de Rome tant que la religion étrangère, chrétienne ou autre, ne menaçait pas l'ordre public. Les persécutions ne furent jamais que des répressions politiques. Les chrétiens, d'autre part, avaient pris le parti de la prudence sous l'influence de leur nombre au début si réduit. Ceux qui parlaient haut sont seuls entendus par la postérité; combien en comptait-on discrets et prudents qui pratiquaient sans provocation? Tolérance d'une part, précaution de l'autre, la vie se déroulait paisiblement familiale et sociale. De telle sorte qu'il n'y eut pas ruine, mais lente absorption mutuelle de civilisation. Les chrétiens étaient Romains de toutes leurs mœurs. Pensons à notre Gaule et à tout ce qu'elle a gardé de Rome, dans ses usages et institutions modernes. Il suffit de lire l'œuvre du grand Fustel de Coulanges pour s'en rendre compte. A plus forte raison lorsqu'il s'agit des temps premiers. Les hommes de ces temps avaient greffé une religion nouvelle sur le vieux tronc des coutumes; ils n'avaient pas arraché l'arbre centenaire pour en planter le surgeon. Ils s'accommodaient très bien de leurs frères insouciants du dieu nouveau, nés avec eux, s'étant diverti aux mêmes jeux, grandis auprès d'eux et les rencontrant chaque fois associés dans les actes intimes ou publics. Non, il n'y eut pas ruine, mais évolution. Le monde a vécu, voilà tout. Ou alors, nous nous ruinons chaque jour. En ce sens, je veux bien parler de ruine. Mais non pas au sens d'écroulement, de substitution brutale.

Aussi voudrais-je que Mgr Bulitch et ses collaborateurs plus jeunes apportassent aux fouilles de Salona, qui se continuent, une préoccupation moins exclusive. Il est manifeste à qui parcourt ce champ de ruines que la recherche des témoignages chrétiens a accaparé les soucis du fouilleur. Salona chrétienne, je la veux, et tous les souvenirs attendrissants des premières années de la chrétienté : on n'en trouvera jamais trop. Mais aussi Salona païenne, la Salona où les chrétiens grandirent et prospérèrent, et qui était la première. C'est fausser Salona que de la montrer sous une seule face. Je demande tout le visage, de face et de profil. Puisque les chrétiens vécurent et s'entendirent avec les païens, je veux que ceux-ci m'apparaissent à côté des premiers. Ils ont été trop négligés jusqu'ici. La ville romaine de Salona disparaît sous la nécropole chrétienne, et je le regrette, parce que sans elle Salona n'est pas complète. Autrefois à Aquileia, je rêvais à cette société passant de Rome à la Jérusalem céleste. Et je regrettais que la molle cité du fond des lagunes n'ait encore rien révélé de son sous-sol ambigu. Salona jouit de la grande fortune de nous montrer l'un des deux termes de la dualité romano-chrétienne. C'est péché de ne pas lui demander l'autre. Certes on trouva des traces païennes, civiles. Mais on les a trouvées, et non cherchées. Salona reste boiteuse de ce mépris. S'il ne fallait qu'une preuve de ce dédain, ne la verrais-je pas écrite sur la petite maison de l'administration des fouilles, au milieu du champ des ruines? Elle est toute garnie, à l'extérieur, de fragments antiques, à peu près comme le petit bourgeois de Bois-Colombes fixe sur ses murs des coquillages. Manifestement, à Salona, on n'attache aucun prix à ces débris, tandis que les moindres morceaux de sarcophages sont vénérés. Je voudrais une vénération égale. Salona, comme toutes les villes existant voici deux mille ans, connut une heure charmante de bonne entente. La prodigieuse fortune de la dévastation par les barbares et les Vénitiens permet à Salona de demeurer à peu près seule, en attendant les explorations d'Aquileia, à pouvoir nous édifier sur ce délicat moment. On me dit que les fouilles vont désormais être conduites avec plus d'objectivité. Elles ne peuvent manquer de nous ouvrir des jours savoureux sur la société romaine en mal du christianisme. Salona méthodiquement explorée deviendra l'un des prodiges archéologiques de notre temps auquel elle a déjà donné tant de précieux trésors de connaissance et de beauté.

*
* *

Le poète chante :

Ite, o rondini, oltremare;
Molte belle son laggiù.
La più bella è ad aspettare
A un balcone di Traù!

Je veux devenir hirondelle auprès de la plus belle nichée sur le balcon! Je vole sur la route au bout de laquelle Traù m'attend, la riante Traù. Des arbres! Des arbres! Traù est couronnée d'arbres! Comme ça manque vite, les arbres! Les arbres et l'eau. Car la mer, ce n'est pas de l'eau, c'est la mer, et donc bien autre chose de vaste, par trop international. Et n'est pas complet un paysage qui n'a pas d'eau, une eau limitée, close, intime, quelque lac ou rivière. Traù possède un lac, canal et rivière à la fois. Située sur une petite île qu'une dizaine de mètres séparent de la terre ferme, elle regarde une autre île grande et haute, l'île de Bua qui lui ferme à l'occident le large adriatique, tandis que au nord et au sud elle ne voit que le canal maritime de son nom, au bord duquel elle s'amarre. Ce canal, dès lors, coincé entre Bua, la terre ferme et Traù, ses issues invisibles, devient personnel à la ville, sa chose sous sa loi : nulle vague, un simple friselis jaseur sous Bua à quelques nages. Sur la rive les beaux arbres d'un foirail enveloppent la petite cité lumineuse, riante et cachée. Une porte est ouverte dans les remparts, car Traù a aussi des remparts : tout, vous dis-je, tout le plaisant des villes qu'on désire sans les connaître. Au-dessus de la porte, le lion signant Venise. Mais il pourrait être absent, le cher lion; une visite à Saint-Marc lui est permise, et longue, à y rester. Traù porte Venise en tous ses traits, ceux de la forteresse, avant tout, campée sur une sorte d'esplanade, hors de la ville dont elle semble, sentinelle, monter la garde. L'une des tours est crénelée à la gibeline, une autre a tout à fait la forme d'un diabolo. Et c'est bien caractéristique au fond, résumant tout ce que j'éprouve, que me soit venu finalement à l'esprit le nom d'un joujou.

A l'intérieur des murs, on m'a fait voir bon nombre de maisons dites palais à cause des mœurs bourgeoises de leurs habitants plus que de leur ampleur. Venise a marqué tous ces palais, entre lesquels m'a principalement frappé le

Cippico avec ses deux étages de fenêtres aux trois ogives à têtes d'anges. Des cloîtres aussi, mystérieux et menus, tout minces dans leur ceinture d'arcades : le cloître San Nicolo dont les parties hautes ouvrent des fenêtres romanes et gothiques, le cloître San Domenico aux arcs étalés. Des rues si amusantes par leur étroitesse, au point que les maisons ne se gênent pas : elles enjambent à chaque instant. Hop ! une fenêtre au-dessus d'une voûte, et déjà la maison est de l'autre côté. Dans des angles, des escaliers montent à des taudis où les murs renoncent à abriter tant de misère ; ils n'offrent à regarder par la fenêtre sans chambre que le ciel. Des places dont on toucherait, planté au milieu, des doigts tendus l'enceinte, une cour de Palais public qui tient de Florence autant que de Venise, et tout cela toujours en miniature. On a fait son tour en douze pas, sa visite en vingt minutes et son siège en cinq sec. Traù est « un trésor de petite femme », bouton de rose imprévu en ce pays stérile, à la ligne câline, aux pieds de Cendrillon, aux doigts de brodeuse, et qui sourit de toutes ses dents sous des lèvres rondes comme une bille, jouet pour amants, bibelot pour amis. On voudrait la prendre dans la main voluptueuse, et le poli de sa ceinture de remparts recevrait la caresse la plus délicate que jamais curieux sensible ait infligé à un tel « amour » de cité. Ce souvenir, aussi, me scandalise : à Traù, vers 1650, fut trouvé *Le Satyricon* publié à Padoue et à Paris en 1664. Un latiniste avisé me fait remarquer que *Le repas ridicule* (Satire III) de Boileau parut en 1665 ; Boileau aurait-il songé à Trimalcion ? Mon ami et moi l'offrons bien volontiers à trouver aux chercheurs.

Mais Petrone à Traù! Autant mettre Shakespeare à Sorrente, Watteau en Irlande et Dante à Yvetot. La petite bonne femme est légère, en effet, mais reste comme il faut. Elle choisit sa société, et le grossier Petrone jurerait chez elle. Aussi crois-je que c'était, plus exactement, dans l'île de Bua qu'il se cachait. A Bua, se voit un vieux petit couvent, celui de Santa Croce e Drid où, au IVe siècle, fut relégué le moine hérétique Jovinien. J'avais toujours tenu en méfiance ce Jovinien — bien que je ne le connaisse guère — à cause de saint Jérôme qui l'exécrait. Et saint Jérôme m'est sacré, bien que je ne le connaisse pas beaucoup plus que Jovinien. Jovinien, d'après lui, était un moine voluptueux, portant linge fin et tuniques de soie, pratiquant les bains et les cabarets, « faisant le philosophe au milieu des amphores. » Un gaillard de cette trempe devait goûter les dîners de Trimalcion. C'est lui qui a certainement apporté Pétrone à Bua. Il savait qu'il en avait pour longtemps, et il mit dans son sac cette distraction et ce souvenir. Mais Traù, en admettant même qu'elle reçut quelquefois la visite de Jovinien, ferma certainement sa porte à Pétrone. Traù a des mœurs, de la dignité, de la pudeur, du quant à soi, de la fierté encore plus comme en témoigne le Dôme qu'il me faut bien aborder, et grâce auquel je reprends le fil de l'art en Dalmatie que j'avais laissé tomber en quittant Sebenico.

La cathédrale de Traù passe à juste titre pour le chef-d'œuvre de l'art roman en Dalmatie, aussi capital que l'est pour la Renaissance le Dôme de Sebenico. Les murs extérieurs des nefs et des absides sont surmontés d'une arcature légère et discrète. Un narthex de la même structure et du même décor ferme le porche, au coin droit duquel se dresse le campanile. Mais, ces arcatures, nous les avons déjà vues à Spalato, et ce campanile ou plutôt ce clocher, car il fait corps avec l'église, est déjà gothique, et gothique vénitien qui plus est. On sait qu'il fut restauré en 1421 par un architecte slave Goicovitch ; ce restaurateur a-t-il cédé, déjà, à la manie des restaurateurs qui toujours reconstruisent au lieu de seulement et modestement consolider ou, au plus, réparer? Rien ne le dit; mais si Goicovitch a accompli une œuvre personnelle, il n'est pas douteux que ses yeux étaient pleins de Venise, ce qui ne témoigne pas, déjà, en faveur d'un style autochtone.

A l'intérieur je trouve aussi flagrant le souci vénitien. Le vaisseau est grandiose d'ampleur et de force. Les piliers rectangulaires portent des arcs très courts, au-dessus desquels s'élancent de fines arêtes qui vont soutenir les voûtes. Un souvenir de Saint-Marc et des palais du Grand Canal ne peut pas manquer de sauter à l'esprit, encore davantage devant les courtes absides. Dans la nef de gauche s'ouvre la chapelle Orsini, de la Renaissance la plus pure. En elle je retrouve non plus Venise, mais Spalato, les consoles du Mausolée et la voûte à caisson du temple de Jupiter. Un ensemble sculptural où se distinguent des putti porteurs de torches d'une fantaisie, voire d'une espièglerie bien fines, donne à cette œuvre parfaite, par la fermeté sèche des statues de saints, toute sa saveur italienne. De qui est cette chapelle? D'Andrea Alessi et de Niccolo Fiorentino pour l'architecture; sur ce point pas de doute. Pour les sculptures, on hésite. On a parlé de Vittoria, de Giorgio de Sebenico, de Giovanni

Dalmatat et de Niccolo Fiorentino. L'attribution à ce dernier est la plus récente. Et je m'y rangerais volontiers, du moins pour les statues de saints, si ce n'est pour les putti. On surprend dans certains de ces saints comme un accent d'Or San Michele. Les draperies et le réalisme des attitudes semblent couler de la veine à laquelle nous devons Donatello; le Baptiste et le Marc viennent en droite ligne de l'*austero* toscan : Niccolo a dû passer par là.

Revenant alors au narthex, je regarde les porches, le porche central principalement qui est l'un des deux ou trois chefs-d'œuvre de l'art roman en tous pays, par sa forme impeccable et si simple, par ses sculptures vigoureuses et prodiguées. Le roman ne nous a pas habitués à cette richesse; l'influence italienne est évidente ici; et je me souviens des portails d'Orvieto, postérieurs mais d'un souci pareil.

Résumons : un vaisseau roman avec des souvenirs antiques et des parties vénitiennes indubitables; une chapelle Renaissance à souvenirs antiques avec décor florentin; un narthex roman au porche tout fleuri où, même, les lions lombards ne manquent pas.

Que disent les critiques slaves devant ce roman dalmate et si mélangé? Ils disent : l'Europe occidentale a reçu son art de l'Égypte, de la Syrie, de l'Asie Mineure et de la Perse; l'art oriental a donné « impulsion aux artistes italiens, magyars et yougo-slaves. » Et le Dr Vladimir R. Petkovitch que je veux suivre scrupuleusement précise sa pensée : « L'art dalmate du moyen âge s'est développé dans le même cercle que l'art de tous les autres peuples de l'Europe. Il n'a suivi aucune voie particulière, pas plus qu'il n'a subi une influence particulière de l'art de tel ou de tel autre pays voisin. Si le portail de l'église de Troghir (Traù) présente les mêmes motifs que le célèbre portail de l'église de Yaak (en Hongrie), si certains motifs de la cathédrale et de l'église de Saint-Chrysogone à Zadar (Zara) rappellent les églises de Lucques... c'est grâce à leur source commune. Entre l'art dalmate d'une part et l'art italien, magyar, serbe d'autre part, il a dû y avoir des points de contact, mais cela n'autorise pas à croire à une influence qui aurait imprimé pour des époques entières une certaine direction à ces arts respectifs.... L'élément roman des villes côtières dalmates n'a jamais eu rien de commun avec les Italiens. Quant aux éléments latins de ces mêmes villes côtières, ainsi qu'à Trieste, ils ne sont pas le résultat de la conquête vénitienne mais bien les vestiges de l'ancienne tradition romane. »

On voit la thèse : la Dalmatie ne doit rien à l'Italie, pas même le roman. Ne pouvant nier l'évidence de la ressemblance italienne, on en supprime la raison acceptée jusqu'ici pour la remplacer par une origine commune, un développement simultané. Est-il possible d'admettre cela? Ce serait, d'abord, bouleverser toutes nos connaissances — oh! ça ne m'effraie pas! j'en ai vu d'autres! mais il faut des raisons — ce serait surtout supprimer l'histoire. Est-il admissible que l'Italie ait sur cette côte pesé de ses armées et de ses marchands sans y laisser de traces? Si « le commerce maritime a transporté en Europe » l'art oriental, je ne vois pas comment il aurait pu s'abstenir de transporter en orient l'art occidental. Émile Bertaux dit justement : « Le portail de Traù signé en 1240 par un sculpteur slave (Radovan) qui connaissait des modèles germaniques ne ressemble aucunement au portail (de Barletta) signé par Siméon de Raguse. » Voici deux Dalmates accomplissant deux œuvres sans parenté; s'il y avait génie indigène-oriental, ne se seraient-ils pas rejoints? Et, d'ailleurs, cet art roman, nous le connaissons en Italie par maints exemplaires. C'est l'art dit roman-italien des dômes de Parme, Forli, Borgo San Donnino, Vercelli, de Saint-Ambroise à Milan — et encore plus de San Zeno à Vérone. Toutes ces églises ont précédé Traù — qui ne leur devrait rien? Ce serait bien la première fois, en art, que le plus jeune qui ressemble au plus vieux ne lui dût rien. En Italie, en dépit de certaines convenances que j'ai étudiées autrefois à Florence où le roman a été bien près de réussir, témoin San Miniato, en Italie, le climat a été le plus fort pourtant, et ce roman lui-même a dû disparaître. Pour la même raison irréductible et implacable, — et toute l'architecture de tous les pays dépend toujours de cette raison-là, — le roman n'a pas duré en Dalmatie : s'il eût été spontané, et mieux encore venu de l'orient, il aurait persisté sur cette terre orientale, alors qu'il convenait presque à l'Italie occidentale. Il n'a pas persisté parce qu'il est venu avec les Croisés, avec les Vénitiens, et il est reparti avec eux, tout comme ont fait le gothique et la Renaissance. Ces arts suivent le mouvement de ceux qui passent, allant et venant avec eux. Le détail du Dôme de Traù le prouve bien, où l'on retrouve toute l'Italie depuis la Lombardie jusqu'à la Toscane en passant par la Vénétie. N'est-il pas déjà merveilleux qu'en cette terre si battue de la guerre, que Slaves et Turcs envahissaient à toute heure, ait déjà grandi l'arbre où des fleurs du nom de Radovan, Laurana, Orsini ont poussé? En art on est toujours fils de quelqu'un, et je me demande où ceux-là auraient bien pu prendre leur père, si ce n'est en Italie. Toute cette terre est imprégnée d'italianité et c'est tout naturel puisque l'Italie y domina. Émile Bertaux toujours si fertile et précis le constate à propos des chapiteaux du mausolée de Spalato : « Le pays le plus voisin de la terre de Bari où l'on retrouve ces guivres disposées deux à deux autour d'une corbeille de chapiteaux, est la Dalmatie. Des chapiteaux presque identiques à ceux que Gualterio de Foggia a sculptés pour la cathédrale de Bitonto servent de supports aux archivoltes de l'ambon érigé sous la rotonde qui servit de tombeau à Dioclétien et qui devint la cathédrale de Spalato. La ressemblance est si frappante qu'elle pourrait suffire à établir un lien historique entre les ateliers qui ont travaillé dans deux villes rapprochées plutôt que séparées par la mer. »

C'est l'évidence. A mesure que l'Occident passait d'un art à un autre, la Dalmatie suivait les mêmes vicissitudes, romane, gothique, Renaissance tour à tour et bien docilement. Il ne faut pas mêler le patriotisme et l'art, ne jamais mettre de celui-là dans celui-ci. Nous avons cru longtemps que l'art de nos cathédrales nous venait d'Allemagne. M. Émile Mâle nous a prouvés qu'il fallait rabattre de cette fanfare. Je le veux bien, et ça m'est égal! Je ne veux pas davantage tirer, vers l'Italie, la Dalmatie. Je ne poursuis que la vérité, même si elle m'est désagréable. « On peut se gendarmer contre les faits, aimait à dire Ernest Renan, ça ne leur fait rien du tout. » Le fait de Traù est roman, et le roman d'Italie, c'est-à-dire avec ses décors particuliers et certaines formes singulières.

Enfin, et c'est peut-être ici la plus sérieuse objection qu'il est inutile de développer, tellement, une fois qu'elle est posée, la conclusion en apparaît évidente, enfin quoi donc les Dalmates ont-ils fait de Salona et de Spalato? Ils avaient sous les yeux, grandissant parmi eux, les restes les plus magnifiques de cet art antique où toute l'humanité s'est abreuvée et s'abreuve encore, et on vient nous dire : tout est venu d'orient! Quel besoin d'orient, quand on a « ça »? Si les Dalmates avaient possédé quelque génie personnel et direct, n'auraient-ils pas demandé à Spalato et à Salona leur inspiration, n'y seraient-ils pas allés à l'école? Un art indigène eût cherché ses leçons sur le sol même où il naissait, puisque tout le nécessaire y était rassemblé de l'inspiration.

J'ai songé à ces problèmes, avant de repartir, sous l'ample loggia de la place publique. Celle-là du moins, personne ne la dénie à Venise. Si on osait ce refus, notre vieux lion aurait vite fait de rappeler à la raison. Il est là, patte jetée sur son livre qui prophétise : « Iniusti punientur et semen impiorum peribit. » Ne soyons pas injustes ni impies, si nous ne voulons pas être punis ni périr. On dit qu'un autre lion, sur une porte que je n'ai point vue, tient le livre fermé parce que le mot paix n'y est pas écrit, et qu'un autre encore, que je n'ai pas vu non plus, observe le deuil de Venise en s'ombrageant d'un cyprès poussé dans la fente de la pierre. On ajoute que le cyprès fleurira et le livre s'ouvrira lorsque Venise aura repris Traù. Bien que ce soit tentant, je ne souhaite pas d'assister à l'accomplissement de ces deux phénomènes. Traù est devenue ville yougo-slave sans que mon sentiment de justice soit vexé; ce n'est pas une raison pour que je refuse à l'Italie ce que Traù lui doit, entre autres les beautés de son dôme admirable, joyau précieux que bien d'autres villes, qui n'ont rien à voir dans ces querelles, peuvent lui envier. Et me rappelant la Salona dédaignée, je réclame pour elle comme pour Traù, unies dans mon culte, une favorable équité. Ou gare, sur nos doigts, à la sévère férule de la postérité! Iniusti punientur!

XIII

LA VILLE EN OR

Raguse.

On me l'avait bien dit, mais comment le croire? Un ami qui avait croisé sur son yacht le long de ces rivages, m'avait vanté, encore plein d'émoi, la magnificence de Raguse, et l'arrivée à Gravosa qui est le port de cette ville, comme l'une des plus surprenantes beautés qu'il eût jamais approchées. Les pages lyriques des voyageurs m'avaient aussi averti. Selon la bonne règle, au moins autant que selon le penchant bien humain, je me méfiais. A peine le bateau sur lequel je me suis embarqué à Spalato, et où j'ai passé la nuit, à peine ce bateau est-il entré dans le fiord au fond duquel s'arrondit Gravosa, toute prudence et toute contradiction sont emportées. Quels mots trouver dont je ne me sois jamais servi, ainsi qu'il conviendrait à un spectacle aussi singulier, pour dire mon ravissement! Il est matin, le petit matin; on m'a réveillé, et en hâte je suis monté sur le pont où déjà commence la manœuvre. Un cercle étroit de montagnes précipitées m'environnent. En deux points, les eaux s'étalent : à gauche la rivière Ombla toute resserrée, comme un large torrent, et dont le cours supérieur reste invisible, tout de suite caché par le rocher onduleux; à droite un lac, et c'est le port, fermé de toutes parts sous les plus avenantes cimes pressées. Rochers de l'Ombla, pentes du Sergio qui couronne Raguse et ses entours, sommets de Lapad, la presqu'île qui barre le port à l'occident, lancent les plus frénétiques verdures où l'on puisse reposer ses yeux. Gouffre verdoyant au fond duquel paressent les eaux riantes et frisées. Et quelle mesure dans l'exubérance! Ni trop grand ni trop petit, juste au point qui unit la grâce à la grandeur. On tient l'ensemble dans la main, rien ne se perd d'essentiel. Cyprès, myrtes, palmiers, agavés, cistes, grenadiers et pins mêlés à toutes les fleurs ou les offrant, se ruent à l'assaut des rochers qui s'en jouent, ombragent de roses villas luisantes et des chemins jaunes qui scintillent; des bateaux dansottent sur un clapotis amical. Gravosa, le port de Raguse, respire le charme des choses fortes qui savent rester tendres. De quels attraits devra se vanter Raguse, si j'ai le courage de pousser jusque-là, pour m'empêcher de revenir à Gravosa et d'épuiser los vigoureuses douceurs de cette Lapad! Ce n'est rien, Lapad, une presqu'île cônique dont les pentes déversent toutes les essences, dont les baies narguent le vent du large et s'entourent de toutes les profusions, dont les rives sont parsemées de fleurs et d'un peuple allègre qui jouit, heureux! tout le long de ses jours de la plus fière et riante beauté — ce n'est rien et c'est si doux....

J'ai débarqué, et j'ai dû, bon gré mal gré, monter dans l'équipage qu'un aimable fonctionnaire, prévenu hier par le gouverneur royal de Spalato, a nolisé à mon intention. Il n'est pas facile, m'a-t-on prévenu, de se loger à Raguse envahie par les Tchéco-Slovaques qui y passent depuis deux ou trois ans leurs hivers, et s'y oublient pendant l'été. Grâce aux complaisances dont me comblent les autorités du royaume des Serbes, Croates et Slovènes, plus brièvement des Yougo-Slaves, me voilà casé d'avance et libre de ne pas me soucier de ma petite personne. J'en profite pour ouvrir mes plus grands yeux, me laisser pénétrer par la générosité de l'oasis ragusaine dont, même après m'être défendu contre la surprise après tant de sécheresse et de nudité, je demeure confondu. La route tracée à flanc de montagne joue la large allée d'un parc public où les villas se pressent ceinturées de plates-bandes. Pendant vingt minutes on roule entre des murs chevelus et des haies de géraniums croulants, inondant tout. Le printemps se donne tout entier sur cette terre hospitalière à sa fécondité. A peine les arbres serrés s'arrêtent-ils un instant de vous saluer que les fleurs jettent à votre face leur rutilance et leur parfum. Derrière les grilles les jardins s'agitent, tous à flanc précipité de montagne, qu'ils tournent le dos à la mer ou tirent le cou pour l'apercevoir. La mer est dédaignée quant à ses violences. On ne veut la connaître que pour la vigueur qu'elle dispense. La route serrée entre deux rochers se moque des vents; puis tout à coup pousse droit au flot après avoir passé le point où Lapad se soude au continent, et elle file en balcon, sa droite bordée d'un simple garde-fou. En face et au-dessous, voici Raguse et ses remparts projetant dans le jour levant les cent pointes de leurs couronnes.

L'hôtel où je vais passer trois jours au milieu de la colonie tchéco-slovaque, est situé hors de la ville, grande villa enfouie dans les arbres et les fleurs. Comme la renommée va vite pour être si rapidement arrivée à Prague d'où sont descendus tous ces Bohémiens! Ils ont du goût, nos amis. Il est bien matin pour le leur dire. Je m'étends sur mon balcon au doux soleil du jour si jeune encore, et j'écoute, et j'aspire et je m'enivre de bien-être dans cette nature âprement voluptueuse.

A l'heure décente, je me suis mis en route et j'ai couru Raguse en tous sens pour la voir, d'ensemble d'abord, dans ses détails ensuite. La difficulté est grande de la saisir d'un coup. Si elle n'avait ses remparts, on ne saurait par quel bout la prendre. Après bien des tâtonnements, des retours et des sondages vains, j'ai pu m'orienter enfin. La montagne calcaire que j'ai vue, tout le long de ma route marine, barrer la côte et la mer de son mur stérile, cette masse blanchâtre qui file parallèle comme pour chercher issue s'étant, d'une part, effondrée dans les flots où ses débris ont formé les îles, s'est, de l'autre, rageusement redressée jusqu'ici pour capter les énergies nécessaires au feuillage qu'elle réclamait depuis si longtemps en vain. Elle a manqué, pourtant, de la volonté dernière, celle qui équilibre les efforts, à moins qu'elle n'ait poussé trop grand son élan. Car, brusquement, elle s'est comme rompue, elle a projeté dans la mer quelques-uns de ses fragments, laissant entre eux et elle une manière de vallon allongé, un canal. Autrefois, avant le tremblement de terre, dont on parle encore, de 1667, l'eau dormait dans ce vallon, et Raguse s'étendait ainsi serrée entre la montagne et les rochers, formidables îlots, le long du canal aujourd'hui comblé — et c'est le Stradone, le Corso. De telle sorte que Raguse a exactement la forme d'une parenthèse couchée, perpendiculaire à la mer. Elle part du Sergio, occupe le vallon, et remonte sur les rocs majestueux qui plongent à pic dans les vagues; on devine les accidents de criques, de précipices, de petits ports, et toute la variété d'une falaise découpée. Autour, alors, de cette ville en berceau se déroulent des remparts qui épousent tous les accidents de l'ellipse, ses caprices, ses soubresauts, ses langueurs parfois, se revêtent de toutes les fantaisies naturelles ou humaines. Du côté du faubourg de Pile ou j'habite, et que l'on traverse en venant de Gravosa, le rempart se présente littéralement noyé par les arbres poussés dans les fossés. Sur la gauche, vers la terre ferme, il monte violemment, dessinant des donjons enchevêtrés. Puis, il flâne le long du mont Sergio, redégringole à l'opposé de Pile, autour du port Casson où il baigne ses pieds, remonte sur les rochers, où il dessine encore tours et casemates, où il s'aligne tant bien que mal face au large, pour redescendre enfin vers Pile après un dernier bond par-dessus un suprême écueil où trône une caserne ou prison. Du haut du rempart où on a bien voulu me laisser monter, j'ai vu Raguse ainsi ramassée dans sa parenthèse frénétique, dans sa ceinture intacte depuis cinq cents ans qu'elle est bouclée. L'effet est dramatique d'abord des toits jaunes comme l'or d'un vieux bijou longtemps porté, un jaune fatigué, mais non pas éteint, ensuite de cette posture, tête et pieds en l'air, bassin affaissé, enfin de ces tours tantôt montant à l'assaut, tantôt submergées d'arbres, tantôt se prélassant victorieuses au-dessus de la mer interdite en présence de tant d'audace. J'ai déjà vu des villes trapues et acharnées. Je n'en ai pas vu d'aussi violentes ni surtout, dans cette attitude, aussi abondamment vêtue de feuillage. Partout débordent les frondaisons qui enveloppent la ville comme pour la cacher. Il semble d'une revanche de la nature qui, ayant trouvé enfin sur cette côte aride un coin favorable, y a jeté toute sa corbeille.

Le soir, le lendemain et tout à l'heure, j'ai de nouveau, sans lassitude, tourné et erré en tous sens. J'ai poussé des pointes aux quatre vents, à San Biagio qui siège sur Lapad, à San Giacomo vers le sud, et qui sont des chapelles au milieu des rochers, à mi-chemin du sommet du Sergio que domine la forteresse napoléonienne. De quelque côté qu'on la prenne, Raguse répond à tous les désirs d'admiration et de stupéfaction. Jamais, depuis la Sicile je n'ai rien vu de plus majestueux, d'une aussi noble abondance. Si je voulais comparer non pas les choses mais mon bonheur, c'est Taormina que j'évoquerais. Comme au rivage sacré de Trinacria, voici la nature que les hommes, loin de la gâter comme ils font habituellement, ont au contraire aidée à se magnifier, grâce à leurs fabriques. Je défie bien de gâter Raguse. Il y a une certaine force qui se rit des plus goujats, la force de la suprême et dernière générosité de la nature. Lorsque

Magna Mater daigne dispenser cette profusion, les hommes s'acharneraient en vain. Ils sont trop infimes pour polluer le sublime. Raguse comme Taormina fut choisie pour l'expression de cette beauté vengeresse. Sous le ciel miraculeux de son orient, elle se balance dans son berceau, éventée et parfumée, et du haut de San Biagio, tournant le dos au soleil, je la vois, ce soir flamboyer d'un couchant auquel je vais crier.... Mais un bruit de pas a opportunément calmé mon transport; je redescends vers Pile où, la nuit venue, sous les platanes poussant à l'abri des remparts, des musiques sans offense vont détendre mes nerfs : des boissons glacées y contribueront avec bienfaisance.

***

Au contraire de l'enceinte, l'intérieur de la ville est aisé à voir, d'un plan qu'un enfant lirait. Une grande rue, le Stradone ou Corso, le long de laquelle s'embranchent perpendiculairement des voies étroites qui grimpent la montagne de gauche et les rochers de droite; c'est tout Raguse. A chaque bout de cette rue qui est l'ancien canal comblé par le tremblement de terre de 1667, à chaque bout une place où s'élèvent les monuments principaux. Entre les deux, des maisons simples aux négoces ordinaires, petites, basses, de bonnes maisons de province sans caractère, comme il se doit. On peut ainsi d'un coup de pied couvrir à peu près la ville en cinq minutes au plus, l'avoir traversée de part en part d'une porte à l'autre, de Pile à Ploce, les deux faubourgs du nord et du sud.

Deux palais et deux couvents, c'est à peu près toute Raguse monumentale. Les palais sont du plus pur vénitien, avec quelque partie lombarde au palais des recteurs, le plus riche et prestigieux des deux. Il est l'œuvre d'un Florentin que nous connaissons collaborateur de Donatello, Michelozzo; Giorgio de Sebenico y a travaillé aussi. Il fut terminé en 1470, le plus beau moment de la Renaissance. Et cette œuvre gothique, où les arcades du palais des Doges supportent les hautes fenêtres d'un palais de Milan, n'est peut-être pas l'œuvre la moins surprenante de cette Renaissance si intelligente et si souple. L'autre palais, dit de la Douane, ou de la Monnaie, est de cinquante années plus jeune. Il date de la Renaissance vénitienne qui ne renonça jamais à l'ogive : un portique sous des fenêtres trilobées, aux arcs assouplis comme l'arc arabe. Palais brillant et charmant, tout de même moins noble que celui des Recteurs. A côté de lui une tour de l'horloge au Roland amusant. En face, la cathédrale, monument insignifiant du XVIIe siècle, mais qui contient deux bons tableaux, dont un de Titien, et un riche trésor. Cette cathédrale fut construite après la ruine par le tremblement de terre de la vieille église qui datait de Richard Cœur de Lion, et qui était dédiée à saint Serge. Mais, un jour, Serge fut dépossédé de son patronat en faveur de saint Blaise, parce qu'il avait, dit-on, oublié de prévenir les Ragusains d'une attaque des Vénitiens. Blaise bien stylé et averti se montra plus vigilant, car, à l'heure qu'il est, Raguse le considère toujours comme son patron.

Les deux couvents dépendent l'un de saint François,

l'autre de saint Dominique; aussi les a-t-on prudemment placés à chaque extrémité de la ville, l'un du côté de Pile, l'autre du côté de Ploce. François est roman, Dominique gothique, tous deux vénitiens, avec un souvenir toutefois florentin, d'Or San Michele plus précisément, chez Dominique, et qui ferait croire que Michelozzo a passé par là aussi. Chez François on remarque plus spécialement la pharmacie aux vieilles céramiques, et chez Dominique une bibliothèque. N'est-ce pas, en raccourci, toute la moralité des deux ordres? « Sauf la pauvreté, j'abandonne tout au prochain, à l'exemple de mon saint patron : ici n'est pas la demeure ambitieuse » dit, au mur de la pharmacie, une inscription qui veut être piquante; à quoi Dominique répond : « Le Christ dirige l'éloquence de celui qui prie, et sa règle gouverne le monde. Cette maison hospitalière est loi de vie, elle chasse les vices, ouvre le ciel, elle est le port et le repos après toutes les tempêtes. » L'un pratique l'humble charité, l'autre l'éloquence et la science. Quoi vaut le mieux pour la conquête des âmes? Il en faut pour tous les goûts. Le mien ne choisit pas, si une vieille habitude, voire une déformation professionnelle m'ont retenu parmi les livres et les miniatures, les manuscrits et les parchemins, dans le vieux couvent de saint Dominique où fut établie la première imprimerie de la Dalmatie.

Quel que soit l'intérêt de tous ces monuments, ils n'ajoutent rien à la gloire de Raguse. Venise elle-même qui marque ici toutes choses de son sceau, au point que l'on se croirait, à regarder le seul décor, dans une ville de la Vénétie, Venise elle-même disparaît devant la splendeur physique de la cité, ville à peu près unique au monde par la générosité de sa nature, le pittoresque de sa posture, ses remparts tourmentés et même son peuple panaché de paysans en costumes bosniaques ou monténégrins. L'orient est à deux pas, derrière la montagne. On le sent qui nous guette et qui, s'il n'a pu descendre et s'est toujours heurté à la citadelle gréco-latine que fut Raguse, a du moins versé sur elle son soleil et tous ses prodiges. Il y montre encore aujourd'hui ses casaques galonnées et tintinnabulantes de boutons dorés, ses vastes culottes dans le fond tombant desquelles on pourrait mettre au chaud un poupon, son calot perché si drôlement sur la pointe des cheveux, et ses pauvres filasses enroulées aux mollets.

Politiquement, Raguse est aujourd'hui orientale aussi, puisque la voilà annexée au royaume yougo-slave, après avoir subi la domination autrichienne, elle qui passa libre à travers les siècles, resta république indépendante jusqu'à Napoléon, en dépit de toutes les ambitions qui la cernaient, en dépit de Venise qui, si elle la soumit artistiquement et intellectuellement, ne réussit jamais à la soumettre souverainement. Cette belle colonie d'Épidaure a donné au monde un grand exemple de fermeté. Ceux qui s'installèrent dans ce vallon au bord d'un canal serré entre la montagne et cinq ou six écueils, qui s'y installèrent fuyant la Raguse primitive dans les mêmes conditions que les Salonitains se réfugièrent à Spalato, pouvons-nous oublier qu'ils étaient fils de la Grèce? Raguse se grandit encore à nos yeux de tout le prestige de l'Hellade. Où sont-ils les rivages où la grande race n'ait pas déposé ses enfants? Tout autour de la Méditerranée et de l'Adriatique, nous les retrouvons avec fierté. Raguse peut se vanter d'avoir gardé le plus longtemps le caractère énergique et industrieux de ses pères. Achille et Ulysse à Raguse, plus durablement qu'ailleurs, ont prospéré. Dans le cadre protecteur de ces rochers et de cette profusion naturelle, est-il étonnant que le tableau soit resté sans repeints? On a doublé la toile, on a transféré la peinture, on n'a pas changé l'œuvre intacte demeurée.

***

Un Français ne peut pas débarquer à Raguse sans se rappeler l'œuvre que ses pères y accomplirent. De Marmont, vice-roi d'Illyrie, on parle encore ici, et des Français qui, en quelques années, ramenèrent la prospérité dans la Dalmatie déchirée. Le duc de Raguse est toujours béni et son souvenir suffirait à valoir le meilleur accueil si la Grande Guerre n'était pas là; le passage de nos troupes coloniales n'a même pas terni la mémoire du maréchal d'il y a cent ans, et, aux allusions discrètes qui me furent faites, il m'a semblé pourtant que ce passage fut marqué par bien des excès qu'on veut négliger.

S'il est encore trop tôt pour écrire cette dernière histoire, il ne l'est pas de se rappeler la Raguse du royaume d'Illyrie, l'une des œuvres les plus bienfaisantes et les plus sagaces de Napoléon et de ses lieutenants. Avant la conquête française, Raguse était depuis longtemps gouvernée, tout comme Venise qui se vantait de la protéger, par une aristocratie commerçante et guerrière. Peu à peu cette aristocratie avait dégénéré; elle ne tenait que davantage à son hégémonie citoyenne. Le mécontentement populaire contre la noblesse devenait de plus en plus menaçant, lorsque 1789 déchaîna tous les espoirs et éveilla toutes les craintes. En vain, les prudents conseillent-ils sagesse et silence. On s'agite, on crie; Bonaparte paraît enfin. En 1797, il confisque Venise à l'Autriche, et lui donne en échange Zara et Cattaro. Voilà Raguse coincée. Elle se tourne aussitôt vers Bonaparte et lui demande une protection qu'il songeait à lui offrir. Cette échelle sur la route de l'orient ne pouvait manquer de le tenter. Mais les Slaves habitent là tout près, et la Russie les protège. Pour les protéger mieux, elle envoie une flotte dans l'Adriatique, et en 1806 elle occupe Cattaro que l'Autriche cédait cependant à la France par le traité de Presbourg. Déjà, à Saint-Pétersbourg, on rêve d'un grand royaume slavéno-serbe comprenant l'Herzégovine, le Monténégro et la Dalmatie, avec Raguse pour capitale. Raguse continue à appeler à grands cris Napoléon qui se décide. Marmont envoie Molitor, qui ayant accordé sa protection contre les Russes en demande aussitôt le salaire, argent comptant. On lui promet tout ce qu'il demande, mais promet seulement. Il repart pour Zara et est remplacé par un commissaire, Raymond, qui annonce que, aussitôt la flotte russe partie, Napoléon reconnaîtra l'indépendance, la neutralité de la République ragusaine. Le 24 mai 1806, Lauriston paraît devant Raguse : la flotte russe l'a laissé passer sans le voir. Les sénateurs envoyés au-devant de Lauriston sur la route de Gravosa, le supplient en vain de ne pas attirer sur eux la colère des

Russes. Lauriston jure de respecter les franchises de la République. A midi il entre dans la ville et dresse le drapeau tricolore auprès du drapeau blanc de San Biagio. Puis il réclame un million en argent, réquisitionne les églises et les monastères pour ses casernes, commande quatre mille paires de chaussures et quatre mille chemises, saisit les vaisseaux du port et les marchandises, et, un vaisseau turc arrivant à point, il s'empare des munitions que ce bateau portait, et dont il n'avait plus. Cependant un officier écrit à sa famille : « Ces imbéciles-là (ce sont les Sénateurs ragusains) sont au nombre de quarante dans le costume le plus fou que tu puisses imaginer ; de grandes perruques à trente-six marteaux, des robes noires, un éventail d'une main, un ridicule de l'autre ; c'est encore plus que les médecins de Molière. » Raguse était devenue, on le voit, bien vénitienne dans ses mœurs : Napoléon allait la régénérer aussi.

Pendant deux mois on s'installe et on prépare la lutte contre les Russes et les Monténégrins qui, en juillet, s'avancent vers Raguse au nombre de huit à dix mille. Les Français doivent se replier derrière les remparts. Raguse est investie. Lauriston demande du secours à Marmont resté à Zara. Tandis qu'on attend, les Slaves pillent et incendient autour de la ville. Tout est emporté, jusqu'aux clous plantés dans les murs ; les arbres sont coupés, les maisons des nobles incendiées « pour que, à l'avenir, on ne nous force plus à travailler autour. » Et cela en dit long sur ce qu'était devenue la noblesse ragusaine, parasite et exploitante, comme était celle de Venise, et qui croient toutes deux que les services rendus, plusieurs centaines d'années auparavant, par les pères, justifient chez les fils toutes les dilapidations et toutes les paresses.

Les Ragusains demandaient cependant à capituler puisque Lauriston ne pouvait leur donner des armes ni riposter au bombardement. Arrivent alors des commissaires français et autrichiens, momentanément unis pour demander la remise aux Français de Cattaro, à eux cédée par l'Autriche. « Soit! dit le Russe, mais je prends Raguse. » Lauriston veut bien donner Raguse, mais aux Autrichiens et non pas aux Russes. Ceux-ci menacent de forcer le siège et de livrer la ville aux Monténégrins. Les Ragusains, qui un moment avaient pensé se donner à l'Autriche, se réconcilient du coup avec les Français et décident la résistance suprême. Quarante jours passent. On allait se rendre, épuisés, lorsqu'on aperçoit, un beau matin, les assiégeants courant à toutes jambes vers Gravosa. C'était Grouchy, je veux dire Molitor qui arrivait avec sa petite armée, accourant de Zara, envoyé par Marmont le vice-roi d'Illyrie. Molitor entra dans une ville délirante de bonheur.

Molitor avait pris la voie terrestre. Deux bataillons du 79e, quelques compagnies du 81e, les chasseurs d'Orient, une centaine d'aventuriers, en tout deux mille hommes. « Pendant cette route d'environ cinquante lieues (depuis Spalato), écrit le sergent Desbœufs, nous marchions presque toujours sur le flanc de montagnes escarpées. Le sentier qui nous conduisait était souvent si périlleux qu'au moindre faux pas on risquait de tomber de plus de vingt mètres de haut. Brûlés par un soleil ardent, ne faisant aucune halte et ne trouvant pas une goutte d'eau, nous essayâmes plusieurs fois d'avaler notre urine, et si nous découvrions quelque trou qui eut conservé de l'humidité, nous y collions la langue pour la rafraîchir. » Beau soldat de Raffet, tu es resté le même après cent ans à peu près révolus, et ta ténacité et ta bonne humeur continuent à stupéfier le monde !

Derrière Molitor arrive Marmont qui, comme cadeau de joyeuse entrée, frappe Raguse d'une contribution de seize mille piastres réduites bientôt à dix mille prises aux cinq plus riches citoyens. Bien entendu le Sénat, où figuraient ces cinq plus riches, le Sénat proposa une contribution générale. Mais Lauriston qui venait de vivre les jours de siège avec les Ragusains, s'y opposa, et les cinq plus riches durent s'exécuter. Un an environ on pelota, attendant les décisions qui se préparaient sur les champs de bataille du nord. Napoléon négociait aussi avec Alexandre. Bientôt ce furent Iéna, Friedland, Tilsitt enfin. Et, en août 1807, Marmont partant pour Cattaro dont il allait prendre possession, dit aux Sénateurs : « Vous allez être des nôtres. Après tout ce qui est arrivé, vous ne pouvez plus être libres. — Comment vivrons-nous sans notre commerce, sans la mer? — Napoléon vous la rouvrira. » Et Raguse resta gouvernée par Lauriston en attendant l'annexion.

Lauriston avait juré de faire désirer celle-ci, grâce à son administration provisoire. Sur Raguse atterrée, les vexations plurent. « Les Français, dit un témoin, détruisaient l'autonomie de Raguse, progressivement, par doses, sans se décider au coup fatal. » Un jour, entre autre, Lauriston ordonne aux vaisseaux ragusains d'arborer les couleurs du royaume d'Illyrie. « Mais nous n'en faisons pas partie! » crient les Sénateurs. Lauriston menace des tribunaux militaires, et il va passer à l'action quand il est brusquement remplacé par le général Clausel qui arbore le drapeau italien. Le Sénat réplique en élisant un président de la république, le Recteur, et se rend en corps à San Biagio et passe devant le drapeau, feignant de ne pas le voir.

Pendant ce temps le Sénat multiplie ses démarches à Paris, à Vienne, à Constantinople. Paris refuse de recevoir l'envoyé de Raguse, Vienne le berne, Constantinople le trahit, le dénonce à Sebastiani ambassadeur de France. Et Raguse s'écrie que France, en illyrien, signifie mauvais génie. Marmont alors se décide à agir. Une proclamation est lue d'où il ressort que, aux bontés de Marmont, les Ragusains ont répondu par la plus noire ingratitude en refusant d'arborer les couleurs de l'empereur, en écrivant des lettres « dont les expressions, quoique mystérieuses, n'en sont pas moins évidemment injurieuses, » en surexcitant enfin le fanatisme du peuple. En conséquence le gouvernement ragusain est déclaré dissous, le consul Bruère étant chargé de l'administration; les tribunaux sont renouvelés. Vivat! répondent les Ragusains; mais que sommes-nous si nous ne sommes plus république de Raguse? Français, Italiens? Peut-être Marmontains?

Marmont aurait été bien embarrassé de le dire, car il avait agi sans instructions. Il en demanda, du moins, après l'action. On devine sous quelle forme. Tous ces gens-là n'étaient que dangereux partisans bons à boucler. Et Napoléon de répondre qu'il approuve tout ce que Marmont a fait, et il lui conseille d'expédier à Venise et à Milan une dizaine de sénateurs « afin de les préserver d'excès qui pourraient les conduire à l'échafaud. » Raguse se soumit. Elle dansa même, offrant un bal à Marmont. Seuls trois prêtres protestèrent. Ils furent exilés.

Tout s'apaisa par la séduction naturelle du Poilu d'alors. Ce fut l'âge d'or, la grande popularité de Marmont et de nos soldats. Ceux-ci, en réalité, avaient depuis longtemps déjà conquis les cœurs. Le charme opérait que Marmont, habile homme, exploite. Ce ne sont que fêtes où le militaire se mêle bonnement au civil, où les dames sont heureuses de rencontrer de braves et infatigables cavaliers. La bonne humeur nationale entraîne l'ingéniosité au travail et au plaisir, elle enchante chacun. La fusion est si complète qu'un jour, à Lesina, les hommes montent un théâtre où ils jouent une tragédie de Voltaire devant l'évêque qui applaudit.

L'œuvre de Marmont s'accomplit, diverse, judicieuse, abondante dans tous les domaines de l'activité civique. Elle est restée à Raguse et en Dalmatie tout entière très vivace dans le souvenir. En moins de dix années toute une société nouvelle, à l'image de la française, fut organisée. Les principes qui présidèrent à cette organisation furent : application du droit public français, constitution de l'égalité des droits, développement de la richesse, suppression des abus. Et les actes de suivre : séparation du pouvoir militaire ou civil; installation de justices de paix et de tribunaux de première instance, avec cour d'appel à Zara; autorisation de vendre les terres dont la fixité forcée paralysait tout commerce; abolition des droits féodaux et des corporations nobiliaires; tolérance religieuse; écoles, collèges et lycées; asiles et hôpitaux; reboisement, assèchement, cultures nouvelles, travaux publics enfin dont la fameuse route qui porte encore aujourd'hui le nom de Marmont. « Quel dommage que ces Français ne soient pas restés quelques années de plus, disait l'empereur d'Autriche en 1815; ils ne nous auraient plus rien laissé à faire. » M. Charles Diehl qui cite ce mot savoureux et à qui j'emprunte cette énumération de l'œuvre de la France en Dalmatie, peut conclure justement au miracle français. Et cela dura jusqu'en 1814. Les Autrichiens retrouvèrent Raguse et ne la reconnurent pas. « Je suis venu dans mon propre héritage, et les miens ne m'ont pas reconnu. » La France avait passé par là, transformant la vieille république qui se momifiait en une ville active, travailleuse, libérale et joyeuse. La semence gauloise tombant dans le vieux giron grec, l'avait miraculeusement fécondé. Aujourd'hui encore, dans Raguse redevenue slave, Marmont est béni et la France admirée.

XIV

LA VOIX DES BOUCHES

Cattaro.

De Raguse à Cattaro on compte par la route une centaine de kilomètres. Mais qui oserait prendre la route? L'intérêt de Cattaro réside dans ses bouches, ses trois fiords successifs qu'il faut remonter si l'on veut en jouir dans leur plénitude. Je me suis donc embarqué ce matin à Gravosa pour arriver ici dans l'après-midi, et en repartir ce soir directement pour Trieste.

La prudence et la méfiance vaincues à Gravosa ont été les plus fortes à Cattaro. Aucun enthousiasme ne les a réduites. Sans doute je dois cette admiration calme à la familiarité, depuis quinze jours, d'un spectacle analogue. A qui a vu les rades de Spalato et surtout de Sebenico, la rade de Cattaro, même successive, ne peut apporter aucune surprise. Et c'est toujours la roche calcaire, les canaux étroits et nus, les lacs amples et bas où seule la lumière apporte quelque variété. Je crois que, pour qui monte du sud, les bouches de Cattaro doivent être plus émouvantes que pour qui descend du nord, après de longs jours déjà de côte aride, dénudée, grise où les jeux du couchant ne m'étonnent même plus.

On arrive du plein large, car, une fois Raguse dépassée, il n'y a plus d'îles; on arrive en longeant la pointe d'Ostro qui cache complètement la première passe. Cette pointe doublée, le canal s'ouvre bien étalé, puis légèrement resserré, et, au fond, la petite ville de Castelnuovo, pittoresque avec son château à pic sur l'écueil, et les forts qui la couronnent. Castelnuovo a été fondé au XIVe siècle, et a appartenu aux Turcs jusqu'en 1687 : on y trouve encore des inscriptions arabes. On y trouve aussi le lion et son livre. Mais qui s'arrête à Castelnuovo? Il n'est jamais venu à l'idée d'un spectateur passé sur la scène de l'Opéra de vouloir entrer dans le palais du fond. Pour le spectateur-voyageur, Castelnuovo ne représente pas autre chose que cette toile. Le site est imposant, les vieux murs se drapent noblement de lierre; au fond de la première bouche face à l'entrée, Castelnuovo veille, indique le chemin et caresse les yeux; elle n'invite pas à entrer.

On pique sur la droite, franchit le canal de Kambur, et la seconde baie, bien close celle-ci, se présente; la roche calcaire nous enserre sans fissure apparente. Et sur toutes ses faces, sauf au sud, où s'étend une manière de plaine, elle tombe à pic dans les eaux bleues. Des maisons, des bourgs çà et là accrochés aux parois calcaires que soutient la route zigzaguante. Au nord un canal étroit par où nous allons passer. Un village, Josica, le commande sur la gauche, un autre plus haut à droite, au centre même du canal. Les rochers tombent droit, encadrant du champ d'une lorgnette la petite Perasto sise au centre du dernier bassin, avec son clocher vénitien et un haut palais roman-vénitien, ville de marins où Venise recruta ses matelots. Et voici, là-bas, tout au fond, la petite Cattaro qui brille de ses deux clochers écrasés par la masse du Lovcen. Le spectacle est grand. Le Lovcen lui imprime un air assez farouche; sur les pentes grimpent les remparts de la ville et le ruban de la route. Adossé au calcaire abrupt, Cattaro regarde son lac silencieux, les deux bras de ses rives et l'épanouissement de ses eaux endormies. Les lignes sont sèches sans doute, mais fermes, et là-haut les neiges traînent encore, qui lui ajoutent une certaine noblesse. Les jeux du soleil seront subtils ce soir, du haut des pentes du Lovcen. Déjà ils se préparent à m'amuser, par leurs surprises imprévues d'ombres et de clartés changeantes au gré de l'astre qui décline peu à peu, ou d'un nuage léger qui passe, s'accroche au Lovcen, le saute ou l'enveloppe. Les deux antennes des tours de San Trifone ont l'air de vouloir les saisir pour s'en draper.

J'ai erré une heure durant à travers la petite Cattaro dont cette église est la seule parure, modeste parure dont l'arche du porche, d'une large et forte envolée, signe l'ancienneté : il y a quelque chose dans ce porche qui se souvient de l'Ascrivium romain, comme rappelle Venise le lion qui n'a pas manqué, tout le long de ce périple, une seule fois au rendez-vous. Assis sous les arbres du petit cap, qui ombrent Cattaro d'un frais jardin, je songe maintenant à tout ce que je viens de voir, et je réclame de mon impartialité d'étranger une équitable mesure. Je n'ai pas voulu, au cours de ces jours pittoresques, me jeter dans les querelles qui priment à cette heure d'après-guerre tout autre problème. Mais dire mon sentiment je le voudrais, je le dois faire au moment de quitter ces rives sévères où je viens de vivre quinze fécondes journées.

Un scrupule me prend : ai-je conservé tout désintéressement? L'Italie m'a saisi par tout ce que j'en aime, en préfère : son art, sa civilisation. Ceux-ci sont-ils cependant inséparables de la race, de la nationalité, leur commandent-ils ou les expriment-ils jalousement? Qu'est donc cette Dalmatie, slave ou italienne? A regarder les œuvres des hommes, italienne sans conteste. Les âmes? J'ai trop suivi mon penchant italien pour me prononcer sans avoir écouté la voix slave. A tout ce que proclament les pierres dressées et travaillées, les mœurs et la langue parlée, que répondent l'histoire écrite par les Slaves, et les faits qu'elle consigne? Je l'ai demandé, tandis que j'attends l'heure de m'embarquer, à l'historien le plus modéré et le plus clairvoyant, lui-même d'éducation latine, mais resté ardemment et consciemment slave, le comte Louis de Voinovitch. Son ouvrage : *La Dalmatie, l'Italie et l'unité yougo-slave* a été publié au moment même où, en 1918, se préparaient les destinées de sa patrie, et pour servir à leur établissement.

L'historien slave part du principe d'un peuple autochtone occupant la Dalmatie et luttant pendant deux mille ans pour conserver son indépendance contre ses voisins, Venise particulièrement. Je ne chicanerai pas ce principe qui fait peut-être trop bon marché des Grecs et des Romains. Prenons les Illyriens-Dalmates comme ils s'offrent à nous au cours des âges les moins fabuleux. Au surplus, leur existence n'est pas incompatible avec l'arrivée de colons. La question serait de savoir s'ils furent entièrement absorbés ou incorporés dans la civilisation des conquérants. Et, d'ailleurs, ces Illyriens étaient-ils des Slaves? Personne ne l'affirme. Le comte de Voinovitch les croit proto-slaves, mais il ne fait que le croire; les preuves manquent. En tous cas il voit en eux les enfants d'une tribu balkanique, qui n'offrent rien de commun avec les peuples de la péninsule italique. C'est avec cette tribu que, au IVe siècle avant Jésus-Christ, viennent s'amalgamer des Celtes, des Phéniciens et des Syracusains.

De cette sorte de royaume illyrien était reine une certaine Teuta chantée par les lyriques croates qui la comparent à Vercingétorix; l'Illyrie à la Gaule en conséquence : c'est une allusion et une invite. En 168 avant Jésus-Christ, la dynastie teutienne disparut, et l'Illyrie devint province romaine; quelques sursauts de nationalité sont définitivement matés dans la douzième année de notre ère. La romanité dalmate dura cinq siècles, pendant lesquels la province d'Illyrie posséda les frontières réclamées aujourd'hui par les Serbo-Croates, c'est-à-dire l'Istrie et la Vénétie Julienne jusqu'à la Save et jusqu'à l'Isonzo, et donc comprend Trieste et Gorizia. Au sud, cette frontière s'étendait jusqu'à l'Albanie. Mais la Serbie? La Serbie est un fait moderne qu'il faut accepter, puisque lui seul permet la manifestation de la personnalité slave. L'union à la Serbie est une nécessité ethnique; union pour union, celle-ci est préférable puisque fraternelle à l'autre antinationale.

En ce qui touche les phénomènes politiques et sociaux, les Dalmates slaves reconnaissent, les premiers, les bienfaits de la romanité. Entre autres la forme municipale des gouvernements. Ce legs de Rome aida la Dalmatie à résister à la féodalité croate ou hongroise. Mille ans durant, l'organisation romaine constitua un boulevard inexpugnable. La Dalmatie fournit de son côté à Rome de grands soldats dont plusieurs ceignirent le bandeau impérial : Claude II, Aurélien, Probus, Carus, Dioclétien enfin dont le caractère personnel synthétise si bien l'âme slave faite de violence, de générosité et de cette mélancolie qui ramena l'enfant de Salona à Spalato. La Dalmatie, à cette époque, constitue un lien idéal entre le monde slave et le monde latin. Il y eut incontestablement mélange des deux sangs. Les invasions barbares auraient donné, cependant, la prépondérance à l'élément slave. Le slavisme se serait dégagé de la latinité. On vit alors les familles nobles s'allier aux Croates et aux Serbes. Rome n'aurait laissé, en fin de compte, que les traces d'une brillante civilisation, entre autres « le municipalisme, le penchant à l'occidentalisme et à la culture latine. » De telle sorte que la latinité « fut un levain qui donna à la nationalité slave du pays le goût des belles choses, le sens de l'humanisme et l'esprit civique. » Comment alors le comte de Voinovitch peut-il nous dire que Venise « trouva un peuple réfractaire à la latinisation? » Esprit civique, humanisme que cultivent les Dalmates sont les fruits les plus caractéristiques de la latinité. Lorsqu'on les goûte, on n'y est pas réfractaire.

Cette Dalmatie consentante ou réfractaire serait

devenue pleinement slave à partir des invasions des VIe et VIIe siècles, lorsque fut détruite Salona et fondée Spalato. Les habitants de Salona réfugiés dans le palais étaient donc Slaves? Alors pourquoi leur ruine par des frères? La prétention paraît difficile à soutenir. Quoi qu'il en soit, à partir du VIIe siècle, les Croates et les Serbes se partagent la Dalmatie sous la domination nominale de Byzance, domination établie lors du partage de l'empire romain. Et, pendant deux siècles, on assiste aux efforts tenaces des Slaves pour se réunir. Venise intervient, dépouille le basileus au IXe siècle, se voit chassée par les Hongrois qu'elle expulse, et qui reviennent en 1102 avec Koloman, roi de Croatie et de Dalmatie. Koloman était né à Troghir (Traù). Sa charte est conservée qui proclame l'autonomie absolue, les franchises municipales entières. Et donc la romanité? Venise revenue confirmera ces franchises jusqu'au XVe siècle, et passera son temps à disputer la Dalmatie aux Croates.

On voit la thèse qui s'affirme d'un peuple indigène que ses voisins conquièrent, mais qui conserve son caractère politique et civilisé dû à Rome, sans doute, mais l'adoption d'une politique et d'une culture ne suppriment pas la personnalité. Jusqu'en 1797, Venise garda la Dalmatie, c'est-à-dire la côte : Zara, Sebenico, Traù, Spalato, Cattaro et les îles, l'arrière-pays restant aux Slaves. Deux cent cinquante kilomètres de côte, au sud, demeurent cependant indépendants de Venise, bande de territoire qui va des bouches de la Narenta aux bouches de Cattaro, et dont le centre est Raguse. Raguse a fédéré pendant des siècles les villes opposées à Venise. Pour échapper à celle-ci elle accepte le protectorat hongrois, puis le turc. Elle a ses représentants à l'étranger, une flotte qui sait se battre. Sa neutralité est reconnue par le pape, par l'Espagne, par l'empereur, par Venise elle-même à la veille de Lépante (1571). Des pamphlets, à cette époque, sont répandus à foison, qui invoquent l'exemple de Raguse et flétrissent la soumission de Zara et de Spalato. Pour se défendre contre les Turcs, la Dalmatie doit cependant confondre son action avec celle de Venise, et c'est elle que Venise charge du poids de la lutte, de 1420 à 1685, date qui marque le premier recul des Turcs devant l'épée du Vénitien Foscolo. La paix de Karlowitz en 1699, consacre la victoire de Venise et de Jean Sobieski qui arrête définitivement les Turcs. A partir du XVIIIe siècle, la Dalmatie végète sous une Venise décadente contre qui ne cessent d'invectiver les écrivains dalmates.

Car Venise n'a jamais essayé d'assimiler les Slaves, jamais elle n'a voulu imposer ni même propager son idiome chez les Dalmates; ceci est le fondement de la théorie slave d'une Venise uniquement exploitante. L'adoption, que l'on ne peut nier, de la langue italienne par les Dalmates n'aurait été pratiquée que pour la facilité du commerce. Jamais Venise n'a considéré la Dalmatie comme son territoire, « comme un prolongement spirituel de son âme. » Toujours elle l'a tenue « colonie militaire, domaine à exploiter, enceinte douanière et militaire à opposer aux rivaux de l'Occident et aux insultes de la puissance ottomane. » L'administration était toute de surface, restreinte aux besoins matériels. Aussi la langue slave subsiste-t-elle. A « la cour » de Laurent le

Magnifique on la parlait, et à celle du grand-duc Ferdinand II. C'est en vain que, au XVIIIe siècle, Mocenigo demande un collège vénitien en Dalmatie. Le Grand Conseil le lui refuse. Pour Venise, « tout ça c'est des Croates, » et l'on sait la fâcheuse réputation des Croates en Italie, qui dure encore.

Entre les XVe et XVIIIe siècles, on compte en Dalmatie cent vingt-deux écrivains slaves dont Raguse fournit la moitié. Et cela dans un pays bilingue, sans écoles, sans imprimeries. Cette littérature slave est avouée peu originale cependant, imitée au contraire des écrivains italiens. Tous ces épigones sont, d'ailleurs, des patriciens. D'où la thèse italienne : votre littérature est la nôtre même, produite par une aristocratie italienne vivant parmi une plèbe slave inculte ; à laquelle thèse les Slaves répondent : l'âme nationale demandait à vivifier l'idiome national, à le vivifier d'une littérature étrangère qu'il transforma. Au surplus, ajoutent-ils, la noblesse à qui appartiennent tous ces écrivains était slave en grande partie, et ce furent de très anciennes familles dalmates qui produisirent ces poètes. « Slave était la noblesse en grande partie. » Ici se poserait la question des noms, marécage où je ne me risquerai pas de poser le pied, et que je résumerai d'un mot, qui n'est qu'une plaisanterie sans doute, mais qui me paraît assez synthétique : étant donné la racine Durand, les Slaves disent aux Italiens : vous en avez fait Durando ; les Italiens répondent : vous en avez fait Duranditch. Cette onomatologie, en dépit de ma simplification, est inextricable. S'y reconnaître est devenu impossible. Prenons pour exemple quelques noms d'écrivains slaves, justement, et les plus célèbres. L'un a vécu de 1548 à 1628, il a écrit la *Vila Slovinska*, poème à la gloire de la race slave, où il reproche à ses compatriotes de rougir de parler la langue maternelle. Il se nomme en slave : Baracovitch ; l'un des noms les plus anciens de la Calabre est le nom des barons Baracco. De 1553 à 1600 chante les Croates un certain Karnarutitch, et c'est le nom même du golfe : Quarnero-Quarnaro-Carnaro, cette dernière forme adoptée par D'Annunzio. Marulitch (1450-1517) était de Spalato, il avait étudié à Padoue, on le considère comme le père de l'école poétique slavo-dalmate ; en italien on obtient naturellement Maruli. Un certain Lucio était de Traù. Du poète Karnavelitch on fait facilement encore Carnavo ou Carnaro. Et je ne vois sans contestation possible que le frère Katchitch (1696-1749) qui rassemble les chants serbes et prophétise l'unité des Balkans, Bulgares compris. Raguse, enfin, se plaît encore à raconter l'histoire du Français Bruère, resté après le départ des Français en 1814, et qui célébra la visite de l'empereur sous le nom de Bruerovitch. Comment sortir de ces confusions ? « Vous avez slavisé les noms ! crie l'Italie. — Vous les avez italianisés en italianisant notre noblesse autochtone ! » répond la Slavie. Elles ne s'en tireront jamais, je le crains parce que je crois bien que toutes deux ont raison.

A Spalato, cependant, se fonde une Académie illyrienne où l'on traduit en serbo-croate la littérature étrangère, où l'on rassemble un dictionnaire serbo-croate. A Zara, une société d'agriculture répand dans les campagnes un traité d'agriculture : six cents exemplaires slaves, cinq cents italiens sont tirés annuellement. Et l'évêque slave de Lesina se dit heureux d'entendre le peuple louer Dieu dans la langue maternelle qu'il a perdue ou oubliée. Vous voyez bien! disent les Italiens. Oui, mais il était heureux de la retrouver, et d'ailleurs s'il la retrouvait c'est donc qu'on s'en servait encore, répondent les Slaves.

Dans les arts plastiques, le slavisme revendique les architectes, sculpteurs et peintres que nous avons rencontrés à Sebenico et à Traü. J'ai dit alors mon sentiment. En art, le pays de naissance importe peu, si cette patrie n'a favorisé aucune originalité. Pourquoi les maîtres Giorgio, Laurana, Dalmata, Schiavone auxquels le slavisme ajoute Tchilovitch, Dukovitch, Clovitch (ou mieux Clovio célèbre miniaturiste), pourquoi ces maîtres n'ont-ils pas revendiqué leur patrie devant le conquérant dont leur gloire eût peut-être adouci les rigueurs? Par modestie, par une recherche presque maladive de l'anonymat, par l'absence totale de vaine gloriole, disent les Slaves. « Animés de l'esprit de sacrifice, ces grands artistes se condamnèrent volontairement à rester ignorés et à être surpassés en renommée par leurs collaborateurs italiens, maîtres ou élèves. » Je ne puis que livrer cette réplique aux méditations de chacun. Et, même si je me place au point de vue slave, je ne vois pas l'utilité de la querelle. Un art étranger peut agir sans supprimer la race, le sang, tandis que l'absence d'originalité les rend inexistants. Voit-on apparaître quelque élément slave dans l'art de ces Dalmates, discerne-t-on sous la forme talienne un caractère original et originel? Dès Traü nous avons répondu à cette question. Il semble bien, d'ailleurs, que l'absorption italienne, grâce à la culture latine, ne se limite pas aux artistes, lorsque nous voyons l'italien se répandre sur toute la côte par la noblesse qui faisait son éducation en Italie, par le commerce et l'administration, et lorsque nous voyons finalement les Dalmates en 1797 défendre Venise agonisante : Sympathie! dira-t-on. Pas à ce point-là!

Les temps modernes ainsi rejoints, il me reste à en exposer les vicissitudes capitales pour notre jugement. Le moment est venu de demander aux Slaves ce qu'ils ont à répondre aux arguments italiens que j'ai examinés tandis que le *Metcovitch* me berçait sur la mer impartiale.

Napoléon aurait, d'après l'historien yougo-slave, réalisé l'unité illyrique de la Dalmatie. Il admit l'emploi de la langue serbo-croate, et donc le bilinguisme, dans les écoles et l'administration. Il abolit les droits seigneuriaux, et saisit les biens de mainmorte. Il groupa l'Illyrie en six provinces, en faisant une sorte d'État personnel, indépendant du moins de tous ses voisins. La Dalmatie allait enfin vivre de sa propre vie — et cet épanouissement slave expliquerait l'allégresse ragusaine et la persistance du sentiment reconnaissant envers Napoléon, Marmont et les Français. Mais vient 1814 qui supprime le beau rêve; la Dalmatie tombe sous le joug autrichien. Elle fait alors le geste naturel et nécessaire : elle se tourne vers l'Italie comme elle opprimée par le Habsbourg. De vieux souvenirs d'histoire et de culture ne liaient-ils pas déjà les deux rives adriatiques? Le même malheur devait les rapprocher encore. Et Tommaseo traversa l'Adriatique, envoyé par les frères orientaux aux frères occidentaux pour les aider à se libérer du joug abhorré. Tommaseo tait né à Sebenico (Chibénik). Il prit une part éminente au mouvement unitaire italien commencé vers 1830. Emprisonné à Venise avec Manin, il fut libéré par la révolution de 1848. On le nomme membre du gouvernement provisoire vénitien, puis ambassadeur à Paris. Après la capitulation de Venise, il se réfugie à Corfou d'où il gagne Turin, et il refuse un poste officiel, offert par Cavour, pour se livrer à des travaux littéraires dont le fruit fut son *Dictionnaire italien*, des poèmes, des critiques, de l'histoire et même une revue : *La Nuova Antologia* qu'il fonda. En 1861 il se retire à Florence où il meurt, aveugle, en 1874, âgé de soixante-douze ans.

Les Dalmates représentent Tommaseo comme le type du Dalmate par excellence. Slave à culture italienne, nourrissant les mêmes idées que les Italiens d'indépendance nationale. Et cependant son italianisme était grand, puisqu'il reprochait à Dante de fixer au Quarnero les limites de l'Italie ! C'est qu'il rêve d'une union des deux génies, le slave et l'italien. En faveur de ses pères slaves dont il souhaite la civilisation devenir plus haute, il veut étendre l'influence italienne au delà du Quarnero. Promoteur de l'idée illyrienne il ne cesse d'en entretenir la flamme par sa correspondance avec les hommes d'action slaves. Il écrit en serbo-croate : *Iskriçe* (Étincelles), cycle de trente-trois poèmes en prose à la gloire de la Dalmatie, profession de foi et d'amour patriotiques que viennent confirmer les paroles de Mazzini : « Les tendances slaves ne sont pas un bouillonnement fugitif provoqué par des causes passagères, mais le résultat naturel de longues traditions historiques. » Tommaseo voudrait que la Dalmatie devînt le trait d'union entre l'Italie, la Serbie et la Grèce : les mondes latin, slave et grec réconciliés sur le sein dalmate. Son fameux poème *A la Dalmatie*, qui exprimait ce vœu, souleva des discussions sans fin. On arriva à lui faire dire plus qu'il ne disait, on lui prêta toute une théorie politique, on lui attribua la revendication d'un État slave, d'un arbitrage même entre l'Orient et l'Occident. Puisqu'on y était, comme on dit, n'aurait-on pu aller plus loin et interposer aussi la Dalmatie entre Allemands et Magyars d'une part, Slaves et Italiens de l'autre? Ces rêves insensés ne traversent jamais la cervelle de Tommaseo qui se contente de demander l'entente politique entre deux peuples voisins et offre ses bons offices d'intermédiaire entre le sang de l'un et la culture de l'autre.

Au résumé, à la faveur du Risorgimento l'idée slave a pu se développer en Dalmatie avec tout l'appui de l'Italie. Il se produit, au cours de cette période de gestation unitaire italienne, un mouvement dalmatico-italien qui enfante des poètes chantant la libération commune. Padoue devient la grande université où les Slaves étudient, un véritable foyer dalmate. Le noble Pozza, par ses œuvres et manifestes, mène une vive campagne : de 1830 à 1860, l'Italie a abrité un mouvement dalmate qui réclamait la culture latine dans l'unité slave, contre les Allemands et les Magyars. Ce fut l'âge d'or de l'entente slavo-italienne due à la misère commune. Elle ne lui survivra pas.

Sur ces entrefaites, en effet, est arrivé le triomphe du

Risorgimento, 1859. L'italianisme dalmate s'en exaspère aussitôt. Pourquoi la Dalmatie ne serait-elle pas affranchie à son tour, et unie à celle qui l'aime et qu'elle comprend? La langue italienne devient symbole de liberté; tout le monde veut la parler et la parle. Deux partis bientôt se forment, l'un : « l'Autonomie dalmate » qui ne demande pas, et c'est important à constater, l'union politique avec l'Italie, mais seulement « l'utilisation » de l'Italie, l'autre : le « Parti national » qui demandait l'union générale slave. Le premier était plus strictement une survivance de municipalisme romain, le second une vue de l'avenir. Les timides endormis d'une part et les hardis éveillés de l'autre, les uns acceptant la monarchie autrichienne pourvu qu'on jouît des franchises municipales, les autres allant ardemment vers la rupture autrichienne, vers l'union des Slaves du sud, des Yougo-Slaves. Cette dualité de sentiments était importante et bien enracinée : elle a duré jusqu'en 1914.

Mais, quel que soit le choix entre ces deux partis, le sentiment affectueux et déférant envers l'Italie reste le même. Le culture doit rester italienne, si la politique peut devenir slave. « En conservant toujours sa personnelle originalité, on peut bien absorber de la civilisation ce qui est nécessaire au développement et au perfectionnement de l'individualité nationale. » L'Italie doit être un levain, et non pas le grain. Les Grecs se sont-ils romanisés? Les Romains grécisés? (Mais oui! Hélas! il est vrai.) Restant Slaves en âme et en esprit, les Dalmates palpitent de sympathie pour une belle et haute civilisation, mais sans oublier leurs frères moins favorisés, sans les trahir.

« Vouloir, poursuit le comte Constantin de Voinovitch, que le slavisme pur prédomine sur nos rivages comme à Mostar et à Sarajevo, c'est vouloir l'impossible, c'est faire violence à la nature, c'est prétendre biffer d'un trait de plume l'histoire de quatre siècles. Qu'on le veuille ou non, la Dalmatie subira l'influence économique et civile de l'Italie.... La Dalmatie sera médiatrice entre la Yougo-Slavie et l'Italie. Cela n'empêchera pas la Dalmatie de rester slave.... Bien plus, il sera nécessaire que, là où fleurissent l'élément italien et la culture italienne, on respecte et on protège l'un et l'autre en les coordonnant toujours au développement et au progrès de la civilisation nationale.... Lorsque l'Italie sera devenue la grande nation industrielle, commerciale et maritime qu'elle était avant la Grande Guerre, elle fera de nouveau de la Dalmatie le pont entre l'orient et l'occident. Et ce sera la mission civilisatrice de la Dalmatie. Celui qui conteste à la Dalmatie la nationalité slave se trompe, s'il espère recueillir des applaudissements sur les bords de l'Arno et de la Dora.... La culture et la langue italiennes doivent donc être protégées comme un précieux intérêt et un droit sacré. Mais elles doivent être circonscrites par les limites de la vocation slave du pays. L'union de la Dalmatie et de la Croatie donnera à l'élément indigène une impulsion forte et décidée. Cette union imposera nécessairement les mêmes limites à la culture italienne et la rendra plus fructueuse par les progrès civils de la Dalmatie. »

La preuve de ce sentiment, les députés l'ont apportée à la diète hongroise, de 1870 à 1914, par la voix de trente-cinq Slaves contre six Italiens, au parlement de Vienne par la voix de Slaves uniquement qui, tous, réclamaient l'union avec les autres régions yougo-slaves de l'empire. Au sein même de cette représentation dalmate, on luttait d'une part, les italianisants, pour l'autonomie, de l'autre, les nationalistes, pour la réunion. Et ceux-ci disent : au moyen âge une nationalité serbo-croate se cristallisa en royaume compris entre la Save, la Drave et l'Adriatique; la domination vénitienne n'a fait qu'interrompre, sans la supprimer, cette union. En 1797, la Dalmatie unanime a demandé pour roi François II de Hongrie et de Croatie. En 1861, François-Joseph décréta que le statut de la Dalmatie porterait un caractère provisoire jusqu'à ce que l'union de la Dalmatie avec le royaume de Croatie et de Slavonie fût devenu une réalité. Les députés de Dalmatie n'ont cessé de réclamer cette réalisation. Et ils considéraient l'union dalmato-croate comme un premier pas vers l'union générale des Slaves obtenue en 1918.

Vienne, bien entendu, écartait obstinément cette dernière reconnaissance en s'appuyant sur le parti autonomiste devenu peu à peu, par le fait même de la lutte qui accentue toujours les sentiments et concentre les aspirations, devenu plus italien que dalmate : autonomie signifia bientôt italianisme, finissant même par repousser l'usage de la langue et l'union avec les autres provinces slaves. Cette déviation aurait eu pour cause principale, dit l'historien slave, la haine envers les Croates qui furent pendant des siècles les instruments de la tyrannie autrichienne. Et le parti autonomiste de se transformer définitivement en parti italien avec Zara pour centre.

Un moment la fédération des Slaves d'Autriche-Hongrie sembla devoir l'emporter. Et c'est l'époque de l'évêque Strossmayer. Grâce à ce parti, le fédéralime et le slavisme auraient donné à l'Autriche la maîtrise de l'Orient européen. La politique allemande de Schmerling l'emporta, aidée par le parti autonomiste qui repoussait les Croates avec horreur. Zara et Spalato étaient les citadelles autonomistes. Raguse et Cattaro étaient les forteresses croates. Mais gardons-nous encore une fois de croire que le parti autonomiste demandait l'union de la Dalmatie à l'Italie. De bons esprits d'Italie, d'ailleurs, n'en voulaient pas non plus, parmi lesquels les Slaves rappellent avec force les noms de Cavour, Mazzini, Ricasoli, Garibaldi. Le parti autonomiste demandait l'autonomie mais dans l'empire. Italien de culture, il répugnait seulement, tout comme Tommaseo, à la vie commune avec les autres Slaves non éduqués. Fort de sa culture latine, il demandait une indépendance, une personnalité dégagées des Slaves et des Italiens dans le cadre impérial. On devine le parti que tira l'empire, pour se dispenser d'agir, de cette lutte intime. De plus, tandis que le parti autonomiste devenait parti italien, le parti national lui reprochait de confondre l'idée de civilisation et celle de nationalité, d'agir par snobisme intellectuel, de prendre des airs de supériorité morale. La vanité et l'aigreur s'en mêlaient, compliquant tout. Le parti nationaliste, enfin, accusait l'autonomiste de ne compter dans ses rangs que des colons, des Slaves clients d'Italiens, des fonctionnaires, des immigrés ouvriers et des petits industriels. Les écoles italiennes? Les fréquentent de petits Slaves envoyés par leurs parents besogneux qui reçoivent des subsides matériels. Hors de l'école, ces enfants parlent, d'ailleurs, le serbo-croate. Et « ce n'est pas pour les droits que posséderait la civilisation italienne, mais pour la haute valeur et pour les nombreux avantages qu'en a recueillis le développement national du peuple dalmate, que le peuple souverain de la Dalmatie voudra conserver, dans de justes limites, l'usage de la langue et de l'étude de l'histoire et de la littérature italiennes. » Au cours des vingt dernières années, un nouvel élément intervint, l'élément religieux. Le parti autonomiste perdant du terrain, et la loi fatale voulant que les vainqueurs se disputent entre eux, le parti national s'aperçut tout à coup qu'il était composé de gens appartenant à deux confessions : la catholique et l'orthodoxe. Et les orthodoxes, s'appuyant sur la Serbie, continuèrent à réclamer l'union avec tous les frères de sang de Bosnie et d'Herzégovine afin d'obtenir la transformation du dualisme austro-magyar en fédéralisme slave, tandis que les catholiques voulaient par l'union avec la Croatie seule former un royaume autonome, espèce de Pologne yougo-slave sous la monarchie de Habsbourg. On pense bien que Vienne qui allait, précisément, être embarrassée par la victoire du parti national unifié sur l'autonomiste, se hâta de profiter de cette scission. Elle devait d'ailleurs, se trouver assez gênée en présence d'un parti fédéraliste d'une part, mais orthodoxe, presque indépendant d'autre part, mais catholique. Ce dernier semblait pourtant jouir de ses préférences. Catholique? excellent! Indépendant? on verrait bien! Et rien ne vaut comme le catholicisme pour calmer les fièvres d'indépendance.... La bombe de Sarajevo sera une bombe fédéraliste orthodoxe.

Les Slaves s'étaient aperçus, cependant, bientôt de leur folie, et, en 1903, Serbes-orthodoxes et Croates-catholiques s'étaient réconciliés. Le vieux parti national se reforma sous la menace autrichienne dont le jeu était visible d'entretenir la division. Les Allemands tremblèrent et, dès ce jour, méditèrent de frapper à la base des revendications particularistes, de désagréger leur ciment : la Serbie, vers laquelle regardaient maintenant les Dalmates ; la popularité en Dalmatie des Obrenovitch devenait considérable. Et la Dalmatie de réclamer à grands cris la fameuse ligne Danube-Adriatique, avec son complément Belgrade-Dalmatie. Les fêtes de Belgrade en 1904, de Zagreb (Agram) en 1907, de Laybach en 1909, du couronnement de Pierre Karageorges accentuèrent les craintes allemandes. L'assassinat de l'archiduc fournit l'occasion de briser, par l'humiliation de la Serbie, ces essais d'unité slave. L'Autriche et l'Allemagne ne pouvaient admettre cette cristallisation sur le bâton serbe des sentiments slaves de l'empire habsbourgeois. Que Serbie, Dalmatie, Bosnie, Herzégovine fussent aidées par les Polonais et les Tchèques, ces autres parias de l'empire, et à quelle décomposition de celui-ci n'assisterait-on pas ! Le comte Pozza, qui voyait clair, l'avait dit en 1866 :

« La question serbe ne consiste pas dans le fait que le Turc céderait au prince de Serbie quelques forteresses, quelques privilèges ou un peu de territoire. La cause serbe comporte des conséquences bien plus graves. Elle s'étend bien au delà de la limite de la principauté actuelle. Elle embrasse la cause yougo-slave qu'elle commande. Son triomphe entraînerait celui du principe de nationalité en Orient, c'est-à-dire la destruction des deux empires, l'autrichien et le turc qui sont les détenteurs de son territoire, et il amènerait la réorganisation de l'Orient sur une base naturelle, donc avec la prépondérance slave.... Les Slaves sont les héritiers des deux empires agonisants. Ils savent que, une fois détruites les conventionnelles agglomérations des territoires autrichien et turc, ils demeurent, eux, nécessairement, le corps le plus compact que la nature ait placé en orient. » Et Pozza concluait en disant que c'était l'intérêt de l'Italie de favoriser l'union yougo-slave pour se protéger contre l'Autriche. Les Italiens d'aujourd'hui répondent que, l'Autriche étant supprimée, c'est un péril slave qui se dresse maintenant.

« Les Slaves sont les héritiers de l'empire autrichien agonisant. » Voilà qui éclaire lumineusement l'attitude de l'Autriche et de l'Allemagne au lendemain de l'assassinat de Sarajevo. Les Allemands sont acculés par les Slaves fédérés autour de la Serbie. Si l'on ne profite pas de l'occasion en abattant la Serbie, en désagrégeant le ciment, c'est tout un royaume slave qui va se former aux dépens de l'Empire, et contre tous les intérêts conjugués de l'Autriche et de l'Allemagne. La guerre de 1914 a eu pour cause profonde une question de vie ou de mort pour l'hégémonie allemande en Europe centrale, comme son plus formidable résultat historique aura été la suppression de l'œuvre de Charles-Quint. La poussée du slavisme devient de plus en plus forte, le jour approche où il faudra entreprendre de mater tout un peuple épars dans l'empire. L'écrasement de la Serbie épargnera bien du sang. Et si l'Allemagne, par surcroît, peut annihiler la France et la Russie, quel avenir se prépare! Mais ce n'est que par surcroît. La guerre fut déchaînée pour des raisons slaves, l'Autriche n'étant ici que l'agent de l'hégémonie allemande.

Ceci sort du sujet présent, que j'étudie à Cattaro, je le sais. Mais comment écarter les idées qui me pressent? Laissons-les pourtant et finissons, revenant à nos moutons italiens. « Pour la Dalmatie, dit le comte Louis de Voinovitch, le problème national se réduit au conflit d'une culture et d'une nationalité, conflit résolu par l'indiscutable triomphe de la nationalité sur une culture certainement bienfaisante, mais tout à fait étrangère au sentiment national du peuple dalmate.... L'Autriche a combattu, avec l'active collaboration du parti autonomiste, maintenant italien, le mouvement national slave de la Dalmatie.... A la veille de la guerre mondiale, le conflit entre une minorité infime et une majorité écrasante était sur le point de se résoudre naturellement et logiquement par le définitif triomphe du slavisme. »

Que pensé-je, moi Français impartial et ami de l'Italie avec qui je vis depuis plus de vingt ans, et que j'ai vue si ardente et vaillante sur les champs de bataille de l'Isonzo, du Piave et des vals alpins? Je crois bien connaître mon amie, et je viens de sonder quelque peu l'âme des Slaves qui ont profité de notre victoire et y ont aidé. Quelle moralité vais-je tirer à mon tour, après avoir entendu les deux cloches non accordées? Il est dix heures du soir, le *Brioni* siffle pour me signifier d'avoir à embarquer. Trois nuits et deux jours de mer me sont dévolus avant que j'atteigne Trieste; je les emploierai à conclure.

XV

LE PONT DALMATE

En mer.

Quand je me suis réveillé, nous étions en rade de Gravosa, et j'aurais bien voulu que l'escale fût plus longue pour me permettre de courir jusqu'à Raguse, revoir une dernière fois la ville en or. Mais on est vite reparti. Et le défilé des îles et de la côte a repris sa monotonie, tout le long de Meleda surtout, qui n'en finit pas. Les heures de navigation entre ces murs blancs sont sévères, d'autant plus fertiles en méditation. Et si je ne prétends pas à des solutions définitives, à des certitudes, je puis maintenant du moins fixer assez précisément mes impressions de cette quinzaine vécue parmi les souvenirs d'Italie et, sauf à Zara où tout est italien, les personnes de Yougo-Slavie.

Je le sens très vivement : les gens de ce pays-ci n'ont absolument rien d'italien que la langue et quelques usages. On s'en rend compte tout de suite, dès le premier contact. L'apparence physique, d'abord, est très différente. Bien plus! Ces Slaves ne ressemblent pas aux Slaves d'Istrie, si bien bâtis, découplés et nerveux, d'une autre façon que l'Italien mais autant. Ici, beaucoup plus de lourdeur, de vulgarité surtout dans le port. Je croyais que j'allais rencontrer un peuple neuf, sans mélange, très pur. Peut-être en est-il ainsi, mais c'est la sensation exactement opposée que j'éprouve. Ces gaillards bariolés de pendeloques métalliques sur les vestes rouges et les pantalons bleus, donnent l'impression de la fatigue, de l'épuisement. La laideur des traits est à peu près générale, leur épaisseur universelle. Je pense au petit Italien harmonieusement construit, si vif et léger, à la tête de médaille. Je le cherche en vain, sauf à Zara où je le trouve à foison. Quant aux mœurs, en dépit des apparences, elles ne sont guère italiennes non plus. Les Italiens vous diront, par exemple, qu'on mange à l'italienne. En réalité, à partir d'un certain niveau, la cuisine et la table sont cosmopolites. Et ainsi pour les autres usages. Tandis qu'une différence très sensible se fait sentir dans certains réflexes d'éducation. L'obséquiosité, par exemple, n'est pas la même qu'en Italie où elle garde toujours son quant à soi, où elle est surtout verbale, un verbe que l'œil dément. Ici, elle est autant dans le geste que dans la parole. Les gens s'inclinent courbés en deux devant vous, au point de vous donner la poignée de main de côté, afin de pouvoir s'incliner plus bas. En revanche la simplicité est très grande. Peu de formalités, aucun « chichi. » J'entrais chez le gouverneur royal de Spalato en grattant simplement à la porte. Mais aussi les inconvénients de ce manque de formes raffinées. Je ne citerai comme exemple que les postes de douane dans les ports, d'un primitif, d'un sauvage presque qui sont simplement effarants. Manifestement, ce peuple ne se doute pas de ce que c'est qu'un peu d'aise, de la facilité au moins physique qu'il faut laisser à qui doit simplement se mouvoir, et qu'on doit aider dans sa complaisance à obéir aux ordres les plus saugrenus. Quant aux administrations, c'est l'indigence même de confort intérieur. Ce peuple est encore très loin de l'Europe occidentale et septentrionale. Rien ne le rapproche à aucun point de vue de la rive opposée de l'Adriatique. C'est le contraste complet, physique et mentalité. Et, de cette opposition, le trait le plus frappant se constate du calme des uns et de l'exubérance des autres. Les Italiens, disent les Slaves, et c'est leur mot courant : *troppo parlare, niente fare*. La critique est profondément injuste dans sa seconde partie ; injustice, d'ailleurs, répandue en Europe où cependant les Italiens immigrés lui apportent chaque jour un démenti. Mais très exact en sa première, si on compare. Le Slave est triste, renfermé, discret, lent, à l'opposé de l'Italien expansif, gesticulateur, vif et prompt. Ces deux natures se heurtent à chaque pas, à chaque mot. La cohabitation ne peut qu'être pénible. Il faut une longue habitude de coudoiement et surtout une constante éducation commune pour qu'il y ait, je ne dis pas accord, mais seulement tolérance réciproque.

Et pourtant le peuple dalmate est, dit-on unanimement, de beaucoup le plus évolué des Slaves du sud ou Yougo-Slaves. C'est donc que, à part une élite comme il y en a partout, le Yougo-Slave est des plus primitifs : il doit ressembler au Slave tout court, au moujic, au Russe. Tous ceux qui, autrefois, revenaient de Russie nous le disaient : c'est notre Moyen Âge. La Dalmatie donne la sensation d'en être encore à notre XVIIIe siècle français — et sans Versailles! Bien des raisons l'ont retardée, principalement l'intérêt de l'Autriche à la maintenir à un niveau inférieur, et cependant elle a grandi. Tournée vers l'occident, en communication constante avec lui, elle s'est façonnée une âme occidentale en grande partie. Des Slaves bien évolués et d'esprit tout moderne, comme est le comte Voinovitch, me disaient leur culture purement italienne, latine, leur volonté de la préserver. Ils sont fiers d'être situés au plus haut de l'échelle slave, et ils savent à quoi ils le doivent. Pour rien au monde ils ne renonceraient à ce privilège, à ses causes par conséquent.

Mais aussitôt qu'ils ont reconnu le bienfait dispensé par l'Italie, d'un élan tout aussi spontané ils protestent de leur volonté de ne pas devenir Italiens, leur volonté de faire partie d'une nation composée des éléments de leur race, de leur sang. N'est-il pas très significatif qu'ils se rendent parfaitement compte de leur supériorité intellectuelle, et que, néanmoins, ils tiennent à rester unis avec leurs frères inférieurs? Et cet attachement pour les Serbes n'a rien d'exagérément affectif. La raison seule le leur inspire. Je me souviens de ce que je constatais à Fiume : une ville désireuse avant tout de ne pas rester hongroise, et se jetant aux bras de l'Italie seule capable de la libérer, le sentiment italien n'intervenant qu'en répercussion dans l'âme d'une ville aspirant à l'indépendance. Le cas est analogue : voici non plus une ville mais un peuple, une Dalmatie impatiente de particularisme et qui réclame l'union serbe parce qu'elle juge que cette union peut lui permettre ce libre développement. Les seuls élans un peu vifs que j'ai constatés, touchaient ce point délicat. Les Dalmates déploient dans son expression une énergie presque antinaturelle, je veux dire hors de leur nature. Ils se comparent volontiers aux Gaulois d'autrefois, qui se sont assimilés toute la civilisation romaine sans perdre leur originalité ethnique ni leur personnalité morale, bientôt suivies de l'indépendance politique. Ils prétendent faire de même, et ils rêvent pour leur patrie restée slave une civilisation latine. C'est, en somme, la théorie de Tommaseo et du parti national qui est devenue la charte moderne des Slaves du sud, du moins des Dalmates pour m'en tenir à ce que j'ai vu et entendu. Les Dalmates se plaignent actuellement de l'administration serbe inférieure à l'autrichienne, et dont ils souffrent beaucoup. Ils veulent l'améliorer, ils ne veulent à aucun prix la changer pour une autre, l'italienne surtout.

Car, il faut y revenir, l'antipathie mutuelle est la plus profonde qu'on puisse constater. Les quelques traits déjà esquissés le laissent facilement deviner. On voit rarement deux peuples aussi pénétrés l'un par l'autre, et cependant se détester aussi intensément. Tout a « mordu » de l'Italie en Dalmatie, sauf l'Italie. Paradoxe, contradiction évidemment, mais fait. La Dalmatie slave ne veut pas être italienne, pour quelque raison que ce soit. On comprend, d'autre part, l'impatience des Italiens en présence de ce peuple façonné par eux, éduqué par eux, qui parle leur langue comme il parle la maternelle, et qui cependant les repousse énergiquement. La logique latine se heurte à une volonté qui exaspère la conscience de supériorité de civilisation. Cent fois, j'ai constaté cette antipathie, dans les magasins où, lorsque je parlais italien, on me répondait poliment, mais où, lorsque je disais que je n'étais pas Italien, on me répondait joyeusement; dans les administrations où le vu de mon passeport contredisant mon langage me valait toutes les grâces; et vingt autres expériences.

Aussi suis-je bien convaincu que mes amis d'Italie nourrissaient la plus dangereuse des chimères lorsqu'ils réclamaient l'annexion de la Dalmatie. Je comprends fort bien les raisons de cette ambition : la sécurité nationale, le passé commun et la civilisation adoptée; mais c'est ceci qui, précisément, devrait assagir mes amis. Car, pour qu'un peuple aussi imprégné de l'Italie la repousse avec cette énergie, ce ne peut être que par incompatibilité foncière, je dirai même physique. Il y a là un de ces mystères comme on en voit dans les ménages qui ont tout, comme on dit, pour être heureux, et qui se déchirent. Les répulsions du corps deviennent plus fortes que la raison, les raisons de rapprochement. On s'entend en tout et sur tout, sauf sur l'obligation de vivre côte à côte, de sentir ces membres — oh! cette jambe! — auprès des siens. L'antipathie italo-slave est de cette qualité-là où les psychologues et même les physiologistes perdent leur science, mais qu'ils doivent reconnaître.

Il y a d'ailleurs, en Italie, des esprits très avisés qui, dès le début des pourparlers de paix, ont déconseillé la conquête dalmate. Dans le passé on cite Mazzini et Cavour; de nos jours tout un groupe dont la personnalité la plus marquante est M. Bissolati, et l'organe le *Corriere della Sera* de Milan. Je me range sans hésitation dans cette phalange. Les Italiens ne pourraient annexer les Slaves qu'au prix des plus douloureux et injustes viols de l'âme et du corps. Et comme les Italiens sont en infime minorité dans le pays qui est slave tout entier — il n'y a qu'à se promener pour s'en apercevoir, la sensation est immédiate d'un peuple différent — on commettrait en annexant une violence injustifiable de nos jours.

Reste la question de sécurité. Elle est importante. Est-elle soluble seulement par la contrainte? Il ne faut pas, c'est l'évidence, que la côte découverte, indéfendable, sans refuge, de l'occident soit menacée par la côte toute en récifs, aux baies profondes, de l'orient. Mais pourquoi se battrait-on? Ne peut-on s'entendre? Oh! les Serbes ont des torts, et graves. Il est déraisonnable à eux de réclamer la frontière de l'Isonzo et l'Istrie. En dépit de quelques îlots slaves, comme il y a des îlots italiens en Dalmatie, ces régions sont italiennes comme est slave la Dalmatie. Les Serbes ont tort de faire valoir de prétendus droits qui ne peuvent que justifier les prétentions de certains Italiens sur la Dalmatie, puisque la possession de ce rivage pourra seul garantir la sécurité de la patrie menacée dans ces conditions. D'autre part nous entendons chaque jour les cris de *La Nazione* et de *L'Epoca*. Et les Italiens de soupçonner les Serbes qui se méfient des ambitions italiennes. On devine quelles exaspérations de défiances et de suspicions fleurissent sur le terrain ainsi bêché.

Il faut donc en revenir de toute nécessité à l'idée de Tommaseo : le développement intellectuel des Yougo-Slaves grâce à l'alliance avec l'Italie. L'avenir porte cette nécessité dans son sein. En accouchera-t-il? Pour le moment, on est loin de cette parturition. Ce ne sont que vexations et brimades. D'aucun côté on ne veut céder quoi que ce soit. Des deux côtés on se joue les plus mauvais tours. Il y a, comme on dit, de l'électricité dans l'air. L'orage est toujours sur les têtes — et surtout dans les têtes, ce qui est plus grave encore. Laissons le temps faire son œuvre. Optimiste par tempérament, je suis sûr qu'il la fera. La Dalmatie peut jouer un rôle capital dans cette opération. Pour le moment, il est prudent de ne pas la pousser à l'entreprendre. Elle y viendra toute seule. Sa raison calmera ses instincts. Et comme c'est elle, de toute évidence, qui va présider à l'essor intellectuel du nouveau royaume, elle fera entendre ce qui doit être entendu. Ayant compris la nécessité de l'union slave, elle pourra d'autant mieux faire comprendre la nécessité de l'entente avec l'Italie d'où est venue et continue à venir la civilisation. Si le moment de cette intervention n'est point prochain, si l'on s'en trouve même très loin encore, est-ce une raison pour ne pas y travailler? La difficulté de réussir ne fait qu'ajouter à la nécessité d'entreprendre, a dit Beaumarchais. Voilà un bel axiome latin! La Dalmatie doit s'en pénétrer. Elle méritera beaucoup du monde en s'en persuadant. En tous cas son rôle est celui-là, de conciliation. Elle fournit la preuve vivante qu'on peut rester soi tout en prenant des autres tout ce qu'ils ont de bon, comme la Gaule, devenue la France, le fit déjà. Notre exemple sera fécond, je le crois, je l'espère de tout mon cœur italien. D'ici là, la tâche des gouvernants consistera à veiller, à apaiser et à laisser faire ensuite. Que l'Italie se contente, et c'est si beau! de répandre en Slavie ses mœurs, ses arts et ses marchandises. Que les Slaves soient satisfaits de former une nation en route pour rejoindre les autres peuples de l'Europe, dignes comme eux de participer aux bienfaits de la civilisation, sans rêver inconsidérément et injustement des annexions odieuses; Italie et Yougo-Slavie se réuniront alors, un beau matin. Et la Dalmatie sera le pont sur lequel elles seront rejointes. Une Yougo-Slave d'éducation latine, se civilisant à notre image, quel est le Français, expression achevée du latinisme, qui n'en serait heureux? La grande guerre n'aurait pas, du moins en ce qui touche les grands problèmes des peuples en voie de perfection, été combattue en vain.

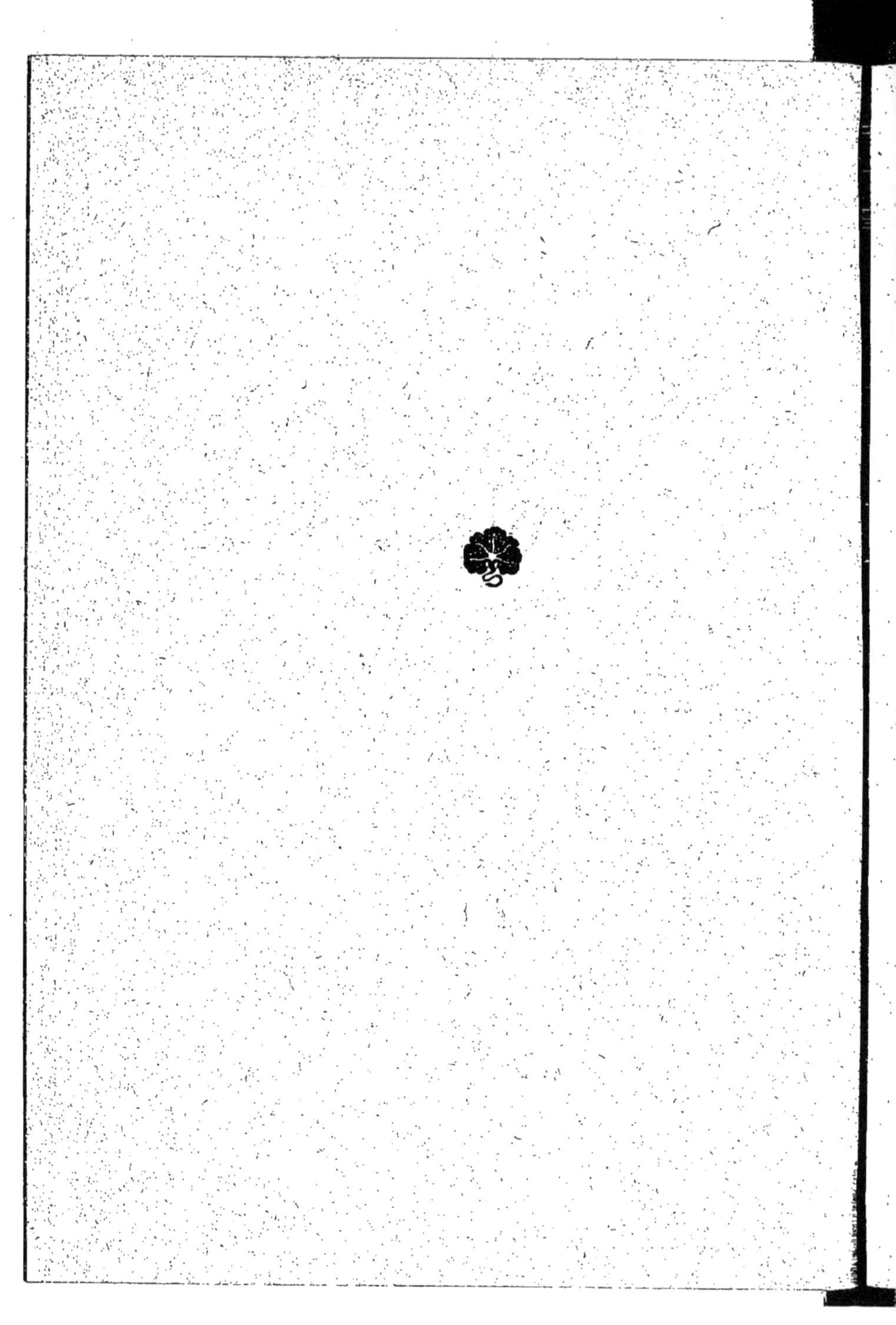

TABLE DES MATIÈRES

COULOMMIERS
IMPRIMERIE
PAUL BRODARD

1209-11-22.

www.ingramcontent.com/pod-product-compliance
Ingram Content Group UK Ltd.
Pitfield, Milton Keynes, MK11 3LW, UK
UKHW021130220726
13924UKWH00004B/1996

9 782019 920395